감뽀빠의 삶과 가르침

감뽀빠의 삶과 가르침

초판 발행   2011년 7월 27일

편저자	잠빠 맥킨지 스튜어트
옮긴이	허정훈(까르마 왼땐)
발행인	이연창
편 집	김 명
펴낸곳	도서출판 지영사

서울특별시 종로구 명륜동 1가 10-22 보성빌딩 5층
전화 02-747-6333 팩스 02-747-6335
이메일 vvj747@chol.com
등록 1992년 1월 28일 제1-1299호

값 15,000원
ISBN 978-89-7555-169-7 03220

The Life of Gampopa by Jampa Mackenzie Stewart was first published by Snow Lion Publications, NY, USA, 1995
Copyright ⓒJampa Mackenzie Stewart, 1995
Korean Translation Copyright 2011 Jeeyoungsa Publishing Company

이 책의 한국어판 저작권은 베스트에이전시 중개로 Snow Lion Publications와 독점계약한 지영사가 소유합니다. 저작권법에 의해 보호받는 저작물이므로 무단전제와 무단복제를 할 수 없습니다.

티벳 불교의 위대한 법왕 **감뽀빠의 삶과 가르침**
The Life of Gampopa

잠빠맥킨지 스튜어트 지음 | 허정훈 옮김

지영사

■ 추천사

현재 한국어로 번역된 까규 전승에 관한 문헌은 매우 적습니다. 따라서 감뽀빠 대사 일대기의 출판은 매우 중요하고 의미 있는 발전이어서 저는 매우 기쁩니다. 이 번역이 성공적인 결과로 이어질 수 있게 노력하신 모든 분들과 특히 번역자인 허정훈 님에게 고마움과 축하의 말을 전합니다.

많은 분들이 티벳의 위대한 요기 밀라래빠에 대해서 들어 보았을 것입니다. 원래 티벳의 닥뽀 지역에 의사였던 감뽀빠는 밀라래빠의 가장 가까운 수제자였습니다. 사실 밀라래빠에게는 해와 달로 비유되는 마음의 아들이 두 명 있었습니다. 감뽀빠는 해와 같은 아들이었습니다.

감뽀빠 대사의 일대기로부터 얻을 수 있는 매우 귀중한 교훈들이 있습니다. 그가 아직 젊었을 때 비극이 닥쳐 자식들을 전염병으로 잃게 되고 후에는 아내까지 떠나 보내게 됩니다. 이러한 사건들을 겪은 후 그는 불법을 공부하고 수행하는데 남은 여생을 바치게 됩니다.

아띠샤 스님의 까담파 전승을 수학한 후 수행 성취자인 띨로빠로부터 내려오는 마하무드라 전승을 수행한 감뽀빠는 이 두 전승을 하나로 통합하였고 이는 후에 닥뽀 까규 전승으로 알려지게 되었습니다. 감뽀빠의 수제자 4명으로부터 4대四大 까규 전승인 바롬 까규・팍두 까규・까르마 까규 그리고 간접적으로 챌빠 까규가 발생했고 이어서 팔소八小 전승이 생겼습니다. 그래서 이 책을 읽는 동안 독자 여러분들은 우리가 감뽀빠 대사에게 감사해야 한다는 것을 기억했으면 좋겠습니다. 그가 없었다면 까규 전승은 없었을 것이기 때문입니다.

17대 걀왕 까르마빠
오겐 틴레 도르제
2009년 10월 30일

■머리말

성인들의 전기는 우리에게 영감을 주기 위해 쓰여진다. 이러한 전기는 우리보다 앞서 길을 간 이들이 겪는 고충과 승리를 묘사한다. 좋은 전기들은 우리의 수행에 좋은 역할 모델을 주기도 하며 단순한 교학서나 법문보다 더 큰 정진력을 발휘하도록 영감을 준다. 이러한 전기들은 성인들의 말씀뿐만 아니라 수행의 실질적인 실천이야말로 가장 큰 가르침이라는 것을 보여준다.

몇 년 전 나의 근본 스승님, 존귀하신 켄뽀 까르타르 린뽀체께서 뉴욕 우드스탁에 있는 까르마 뜨리야나 다르마챠끄라 사원에서 까규 조사들의 삶에 대해서 법문을 해주신 적이 있다. 이때 나는 생전 처음으로 감뽀빠의 일대기에 관해 들었다. 나는 위대한 밀라래빠의 가사와 발우는 전해 받았으며, 한때 전례 없는 51,600여 명의 승려 제자와 500여 명의 요기 제자들을 모은 이 요기-승려의 이야기에 완전히 매료되었다. 이 제자들에는 첫 번째 까르마빠와 유명한 팍모 두빠도 포함되어 있었다. 감뽀빠는 사대팔소로 알려진 모든 까규파 법맥의 아버지이므로 그의 일대기가 좀 더 많은 이들에게 알려질 필요가 있다고 생각했다.

과거 한 세기 동안 까규 법맥 조사들의 전기들이 번역되어 출판되었다. 나로빠·마르빠·역대 까르마빠 그리고 최근엔 띨로빠의 전기가 출판되었다. 그래서 나는 감뽀빠의 일대기가 영어로 완역된 적이 없다는 것이 이상했다. 특히나 감뽀빠의 저서들은 티벳 불교 서적 중 가장 먼저 번역된 저서들이었다는 점을 고려할 때 더욱 그러했다.

월터 일링 에반츠-웬츠와 라마 카지 다와 삼둡은 감뽀빠의 「승도보만론」을 『티벳 밀교 요가』라는 저서에서 번역했었다. 이 책은 영어로 번역된 최초의 티벳 불교 수행서였다. 그러나 이는 매우 짧은 글이었고 나로육법(na-ro'i-chos-drug)·쬐(ChÖd)·마하무드라와 같은 더 흥미롭고 밀교적인 수행들 틈에 묻혀 있었다. 나는 비록 이 책을 몇 시간 동안 심취해서 봤지만 몇 년이 지난 후에 우연한 대화에서 「승도보만론」이 감뽀빠가 지은 것이라는 것을 알았다.

이와 유사하게 가르마 첸지 창의 『밀라래빠 십만송』 2권에 보면 훌륭한 감뽀빠의 전기가 들어 있다. 하지만 밀라래빠가 이 책의 중심이다 보니 감뽀빠의 일대기는 그의 스승, 밀라래빠의 이야기와 중첩이 될 수밖에 없었다.

서양에서 감뽀빠의 이름을 알린 저서는 아마도 허버트 귄터 박사가 번역한 감뽀빠의 위대한 저서인 『해탈보장론』일 것이다. 그곳에서 감뽀빠는 보리도차제를 까담파 전승에 따라 명석하게 개괄하며 스승 밀라래빠로부터 전수 받은 마하무드라 전통과 훌륭하게 융합하고 있다. 하지만 여기서도 역자는 감뽀빠의 일대기에 대해서 아주 짧게 몇 페이지만을 다루고 있을 뿐이다.

감뽀빠의 일대기 중 일부가 영어로 번역되어 있어 나는 이 편역서를 내는데 많은 빚을 졌다. 존귀한 켄뽀 꾄촉 걜쩬 린뽀체는 그의 저서 『기도 깃발: 직뗀 숨괸의 게송들』에 아주 훌륭한 감뽀빠의 전기를 실었다. 그리고 또다른 저서 『위대한 까규의 조사들: 황금 법맥의 보석』(빅토리아 허캔팔러 편집)에 좀 더 긴 일대기를 실었다. 이 자료에서 매우 유용한 내용을 많이 인용할 수 있었는데, 특히 이 책의 19장에 있는 신통에 관한 일화들이 그러하다. 최걈 트룽빠 린뽀체의 감수하에 날란다 역경위원회가 번역한 『지혜의 비』의 까규 법맥 조사들의 게송에는 「법왕 감뽀빠의 삶과 게송들」과 「캄에서 온 세 요기들에 대한 감뽀빠의 화답의 노래」가 포함되었다. 앞서와 같이 감뽀빠의 이야기는 다른 조사들의 이야기 속에 숨어 있었다. 감뽀빠 일대기의 짧은 한 부분이 최근 저서에 실려 있었다. 잠빠 타예의 『황금의 정원: 인도와 티벳의 초대 까규 조사들』. 또한 케쭌 상뽀 린뽀체 저서로 제프리 홉킨스 박사가 번역한 『닝마의 밀교 수행』이라는 책과 빠뛸 린뽀체의 『꾼상라메셸룽』의 주석서에 감뽀빠에 관한 짧은 일화 두 개가 실려 있는 것을 발견하여 19장에 포함시켰다. 감뽀빠의 일대기를 구전해 주신 켄뽀 까르타르 린뽀체께 큰 은혜를 입었다.

티벳어로도 감뽀빠의 일대기는 완전한 판본이 존재하지 않은 것으로 알고 있다. 저자가 언급한 내용 중에 감뽀빠의 일생 전반부에 대해서 어떤 것들은 매우 자세히 언급하고 있는 반면, 일생 후반에 관해서는 전혀 혹은 매우 적게 언급하고 있는 경우가 있었다. 다른 판본에서는 그 반대였다. 어떤 판본에서는 한 문장으로 끝난 내용이 다른 본에서는 몇 페이지씩 들어 있었다. 나의 의도는 감뽀빠의 일대기를 최대한 정확하고 완전하게 전하는 것이었다. 이처럼 완전한 영어본 일대기를 준비하기 위해 나는 여러 자료원을 조사하고 편집하고 번역하여 작업했다.

대부분의 자료에서 이야기들은 완전히 일치했지만 어떤 면에서는 수수께끼처럼 다양했다. 예를 들어 『기도 깃발』에서는 감뽀빠의 어머니가 응앨사로 나오는 반면 『밀라래빠 십만송+萬訟』에서는 감뽀빠 아버지의 아내가 둘이 있었다고 했는데, 윤라사와 상뗀 단마 중 누가 실제 감뽀빠의 어머니였는지 확실하게 나와 있지 않았다. 허버트 귄터 박사의 『해탈보장론』에서는 감뽀빠의 어머니 존함을 소모자 첼짬이라고 이야기하고 있었다! 판본에 따라 감뽀빠가 결혼한 나이도 다양했고 그의 결혼 생활 기간, 아내의 죽음, 언제 어디서 계를 수지했는지도 달랐다.

이러한 경우 나는 가장 논리적이고 일관되게 나타나는 현재의 판본과 다른 본과의 통합을 시도했고 이야기의 자연스러운 흐름을 우선시 했다. 나는 이야기가 자연스럽게 흘러야 한다고 생각하고 스스로를 이야기꾼으로 여기며 역자로서의 역할을 수행하려고 했으며, 단순한 번역자나 편집자라고 생각하지 않았다. 예를 들어 부처님의 일대기가 다양한 이야기가 존재하는 것과 같다. 판본에 따라 이야기꾼의 직관과 재능에 따라 색깔이 있고 특징이 있듯이 말이다.

이러한 노력을 돕기 위해 나는 켄뽀 까르타르 린뽀체와 잠곤 꽁뙬 린뽀체로부터 감뽀빠 구루요가 관정을 받았고, 이 가피로 감뽀빠라는 분을 이해하는데 많은 도움을 받았다. 이러한 가피는 특히 감뽀빠의 일대기에 대한 자세한 내용이 별로 없을 때 많은 도움이 되었다.

사실 본 편역서는 여러 사람들의 노력이 상호 의존적으로 일어난 결과물이다. 특히 다음 분들에게 감사의 말을 전하고 싶다. 켄뽀 까르타르 린뽀체, 저의 근본 스승님, 스승님의 자비는 영원히 갚을 수 없을 것이고, 또한 까규 조사들에 대한 가르침을 주셔서 감뽀빠의 일대기를 쓰려고 결심하게 해주신 것에 대해 감사하다. 켄뽀 쬔촉 걜쩬 스님은 『기도 깃발』에 나오는 감뽀빠의 짧은 일대기를 보내주었고, 『밀라래빠 십만송』에 숨겨진 감뽀빠 일대기를 알려주었으며, 『기도 깃발』과 『위대한 까규 조사들』에 나온 부분을 쓸 수 있게 허락해 주었다. 또한 그의 격려와 감뽀빠에 대한 그의 헌신에 감사한다. 고故 잠괸 꽁뙬 린뽀체의 관정과 그의 법왕 감뽀빠에 대한 예경심에 감사한다. 그의 신속한 환생으로 세상이 가피 받기를 기원한다. 롭상 하룽빠는 서론을 써 주었고 원고 편집을 도와주었으며 티벳에 관한 많은 질문에 답해주고 감뽀빠의 마하무드라에 대한 기여를 설명해 주었으며, 원고를 교정하는 동안 간식을 제공해 주었다.

소중한 이들 스승님들 외에 다음의 기여한 이들에게도 감사의 뜻을 전한다. 킴벌리 발트는 원고에 대한 비판과 감수, 코멘트와 원고 입력을 도와주었고 책을 쓰는 동안 격려와 지지를 해주었다. 에바 반 담은 훌륭하고도 영감어린 그림으로 도움을 주었다. 조나단 랜다우는 최종 원고의 편집과 교정을 도와주었고 자비롭게 비판과 격려를 해주었다. 사라 하딩은 원고를 감수해 주었고 티벳 판본을 빌려주었다. 끌로디아 드류스는 이 책을 작업하는 동안 나의 아이들을 돌보아 주었다. 리넷 브룩스는 찾아보기를 도와주었고 스노우 라이언 출판사의 제프리 콕스와 시드니 피번은 인내심을 가지고 지지와 격려를 보내주었다.

    이들의 협력과 자비로운 법왕 감뽀빠 대사님의 가피로
    나와 모든 중생들이 아집을 끊고
    자비를 닦고 보리심을 깨달아
    감뽀빠 대사님의 위신력으로
    우리가 신속히 보리도를 따라 최상승 마하무드라에 이르기를

분명히 감뽀빠의 일대기를 집필함에 있어 생긴 문제점들의 책임은 전적으로 나에게 있다. 그럼에도 불구하고 법왕

감뽀빠의 광휘가 이 말들을 통해 빛을 발해 본서를 읽는 모든 이들에게 영감을 주었으면 한다.

감뽀빠의 말로 끝맺는다.

저의 마음이 법과 하나가 되게 가피하소서.
법이 곧 수행의 길이 되게 가피하소서.
보리도를 따라 갈 때 미혹이 소멸되게 가피하소서.
미혹이 지혜로 일어나게 가피하소서.

■들어가는 글

　감뽀빠 쐬남 린첸(1079~1153)은 티벳의 모든 법맥으로부터 존경을 받습니다. 감뽀빠는 닥뽀 까규 전승의 개산조였으며, 따라서 그의 제자들이 확립한 대다수 까규 법맥의 아버지라고 할 수 있습니다. 마르빠·밀라래빠·감뽀빠는 까규 전승의 삼부三父로 알려지긴 했으나 까규파의 사원과 가르침을 따르는 이들이 급속히 확산된 것은 근본적으로 감뽀빠의 불법에 대한 해박함과 성취의 명성 때문이었습니다.
　많은 스승들이 그렇듯이 감뽀빠도 통합적인 교육을 받았습니다. 젊은 시절 감뽀빠는 결혼하였고 의사였습니다. 청년기에 그의 아내와 자식들이 전염병으로 죽자 감뽀빠는 세속의 삶을 등지고자 하는 강한 출리심이 일어나 수행의 삶을 따르게 되었습니다. 감뽀빠는 까담파 사원으로 출가하여 출가 비구가 되었고, 티벳의 위 지방에 있는 많은 까담파 선지식들로부터 삼승의 가르침을 배웠습니다.

까담파 전승은 인도의 대선지식이신 디빵까라 아띠샤의 가르침에 따라 11세기에 확립된 법맥으로 티벳 불교의 르네상스기에 성립되었습니다. 감뽀빠는 가장 높은 라마들의 대열에 속해 있었으며, 그에 대한 존칭으로 '케둡 니단' 즉, 교학과 수행을 모두 성취한 분이라는 칭호가 주어졌습니다. 정진력과 청정한 계행 그리고 지적인 명석함으로 감뽀빠는 성취한 학자이자 자비로운 스승이 되었습니다.

그러던 중 감뽀빠는 조모랑모(에베레스트 산) 인근의 동굴들에서 지낸다는 밀라래빠를 찾아 나서려는 강한 욕구가 일어납니다. 감뽀빠 일생에서의 정점은 티벳 전역에서 유명했던 밀라래빠를 만난 일이었습니다. 감뽀빠는 밀라래빠를 만난다는 환희심에 넘쳤고 밀라래빠 또한 감뽀빠를 만나게 되어 크게 기뻐했습니다. 그들의 조우에 앞서 밀라래빠는 감뽀빠의 공덕과 운명을 예언하는 비전을 보았던 터였습니다.

감뽀빠와 나로빠가 스승을 통해 각자의 서원을 성취한 것에는 비슷한 점이 있습니다. 감뽀빠와 나로빠는 모두 대단한 성취를 이룬 교학자이자 불법 수행자들이었고 안정적인 지위가 보장된 이들이었습니다. 나로빠는 유명한 인도의 날란다 강원의 대학장이었고 감뽀빠는 까담파 법맥의 전승 소유자였습니다. 둘은 모두 마하무드라 법맥의 마하싯다를 따르기 위해 자신들의 지위와 편안함을 버렸고, 마하싯다 스승 밑에서 완전한 성불의 과위를 성취했습니다. 하지만 띨로빠는 겉으로 보기에 미친 짓 같은 혹독한 가르침을 통해 나로빠를 성취시킨 반면 밀라래빠는 존중과 자애로움으로 감뽀빠를 성취로 이끌었습니다. 비록 감뽀빠는 존경하는 스승과는 매우 다른 성격과 인품을 지녔었지만 마르빠와 밀라래빠의 성취와 똑같은 지혜를 중득했습니다.

밀라래빠는 결국 그의 오랜 제자인 레충빠 대신 감뽀빠를 까규 가르침의 전승자로 선택했습니다. 밀라래빠 자신도 감뽀빠가 위대한 대보살이라고 천명했습니다. 밀라래빠는 까규 전승을 이끄는 책임을 감뽀빠에게 주었으며, 이로서 석가모니 부처님께서 찬드라 쁘라바 꾸마라라는 보살의 환생자가 설산의 티벳에서 의사로 나타나 그의 가르침을 드러낼 것이라는 예언을 성사시키게 되었습니다.

롭상 하룽빠

■ 차례

감뽀빠의 삶과 가르침

추천사 4
머리말 6
들어가는 글 14

1. 예언 22
2. 속인俗人 감뽀빠 31
3. 출가 승려가 되다 38
4. 스승의 부름 44
5. 세 명의 거지 50
6. 밀라래빠를 찾아나서다 59
7. 스승이 계신 곳, 추와르 67
8. 스승과의 만남 72
9. 관정과 가르침 83
10. 뚬모 수행 92
11. 감뽀빠의 위대한 꿈 99
12. 죽음에 대한 가르침 119
13. 꿈, 가르침 그리고 관정 124
14. 마지막 가르침과 작별 135

■ 차례

감뽀빠의 삶과 가르침

15. 밀라래빠의 열반 146
16. 닥라 감뽀 155
17. 캄에서 온 세 명의 요기 158
18. 감뽀빠의 쌍빠 까규 제자, 목쪽빠 178
19. 감뽀빠 대사에 관한 일화들 183
20. 감뽀빠의 대열반 195

맺음말 198
간기 203

부록1: 감뽀빠 대사의 수행체계: 마하무드라 205
부록2: 까규 전승의 역사 221

참고문헌 261
참고 웹사이트 261
옮긴이의 글 262

....

켄뽀 까르타르 린뽀체, 자비로우신 근본 스승님 켄뽀 꾄촉 걀쩬 린뽀체, 도반이자 선지식 그리고 나의 사랑하는 두 아들 아담 맥킨지 스튜어트와 가브리엘 드류스 스튜어트에게 바칩니다.

....

일러두기

1. 이 책의 티벳어 한글 표기는 동국대학교 경주캠퍼스 티벳장경연구소의 기준에 따랐습니다.
2. 본문 〈18. 감뽀빠의 쌍빠 까규 제자 목쭉빠〉는 영어 원본에는 없었으나, 번역자가 쌍빠 까규 법맥의 자료를 조사하여 추가한 내용입니다.

감뽀빠의
삶과 가르침

01 예언

최상의 수행자, 밀라래빠 존자의 제자 중 최고봉은 법왕 감뽀빠였다. 많은 예언들이 설산의 땅 티벳에서 감뽀빠가 출현할 것이라고 했다. 밀라래빠도 여러 차례 감뽀빠의 출현에 대한 꿈과 비전을 보았다. 밀라래빠가 아직 금강 상사인 스승 마르빠의 제자였을 때 밀라래빠와 다른 제자들이 스승 마르빠에게 말했다.

"존귀한 스승님이시여, 이제 점차 연세가 드시고 계시니 부디 구전 전승, 까규의 가르침이 미래에 어떻게 될지 예언해 주십시오."

스승 마르빠가 대답했다.

"위대한 스승 나로빠 전승의 법손으로써 나는 꿈을 통해 예언할 수 있는 능력이 있다. 그러니 마음으로 낳은 나의 아들들이여 가서 오늘 밤 꿈을 살피어라. 내가 우리 전승의 미래를 예언해 주리라."

모두들 처소로 돌아가 몽중요가를 수행한 후 마르빠 앞으로 모였다. 모든 제자들이 좋은 꿈을 꾸었지만 예시적인 꿈은 없었다. 하지만 밀라래빠는 매우 생생한 꿈을 꾸었는데 다음과 같은 게송으로 스승께 아뢰었다.

어젯밤 나는 꿈을 꾸었네.
그 이야기를 스승님께 아뢰오니
말씀을 올리는 동안 부디 들어주소서.

광활한 북쪽 지방에
꿈속에서 나는 장엄하게 눈 덮인 산을 보았네.
눈 덮인 봉우리는 하늘에 닿을 듯했네.
그 산의 봉우리는 해와 달에 둘러싸여 있었고
그 빛이 온 세상을 덮고 있었네.
산의 밑자락은 온 땅을 다 덮었고
네 방향에서 강물이 흘렀네.
강물은 모든 중생들을 만족시키며

바다로 흘러 들어갔고
바닷가에는 무수한 꽃들이 만발했었네.

이 게송을 노래로 부른 후 네 방향에 솟은 커다란 기둥 같은 봉우리들을 묘사하는 노래를 불렀다. 각각의 봉우리 위에는 동물이 앉아 있었는데 서로 다른 행동을 하고 있었다. 북쪽의 봉우리에 대해서는 다음과 같이 묘사했다.

북쪽에 커다란 기둥이 보였네.
그 위에 두려움을 모르는 독수리가 앉아 있었네.
독수리의 날개는 완전히 펼쳐져 있었고
바위들 위에 둥지를 만들었네.
독수리는 새끼들을 낳았는데
이 새끼가 낳은 새들이 온 하늘을 가득 메웠네.
독수리의 눈은 높은 곳을 응시하며
광활한 창공을 날았네.
아뢰옵니다. 삼세의 부처이신 스승님,

저는 이 꿈을 길상한 징조로 보아
매우 환희로웠습니다.
스승이시여, 이 꿈의 의미를 알려주소서.

이렇게 밀라래빠가 아뢰었다. 마르빠는 매우 기뻐하며, "이 꿈은 매우 훌륭하구나!"라고 말하며, 아내인 닥메마에게 공양 의식을 준비시켰다. 모든 준비가 완료되자 그는 수제자들을 불러 말했다.

"밀라래빠, 금강의 승리 깃발이 매우 훌륭한 꿈을 꾸었도다!" 제자들은 매우 고무되어 마르빠에게 꿈을 해몽하여 예시의 내용을 알려달라고 요청했다. 왕과 같은 위엄 있는 목소리로 마르빠는 다음의 게송을 노래로 불렀다.

삼세의 부처님이시자 중생들의 귀의처이신
스승 나로빠 발아래 절하나이다.
이곳에 당신의 제자들이 모두 모여 앉았으니
이 꿈이 의미하는 놀라운 징조들은
훌륭한 미래를 예언하고 있나이다!
들을지어다 제자들이여,
이제 늙은 아비가 그대들에게 의미를 설하노라.

북쪽 지방은 티벳을 말하니
불법이 이곳에 흥성할 것이라는 뜻이니라.
우뚝 솟은 눈 덮인 산은

바로 이 늙은 아비 마르빠 역경사와
모든 까규의 가르침이니라.
하늘에 닿을 듯 눈 덮인 봉우리는
비할 바 없는 견해
봉우리를 둘러싸고 있는 해와 달은
지혜와 자비를 방사하는 명상이니라.
하늘을 가득 메운 빛은
무명의 어두움을 제거하는 자비이고
온 땅을 덮고 있는 산 밑자락은
무량한 부처님의 불사이니라.
네 방향에서 흐르는 강물은
성숙과 열반을 가져다주는 네 가지 관정의 구전 가르침이며
일체유정들의 갈증을 해소하는 강물은
모든 제자들이 성숙하여 해탈할 것이라는 의미이니라.
강물이 바다로 흘러 들어가는 것은
내부와 외부의 빛이 하나됨이며
꽃들이 바닷가에 만발한 것은
티 없는 불과의 증득을 나타내는 것이니라.

마르빠는 이어서 네 가지 기둥이 네 제자와 그들의 성취를 보여주고 있다며 북쪽 기둥에 대해서 다음과 같이 노래했다.

북쪽에 우뚝 솟은 기둥은
궁탕의 밀라래빠,
꼭대기에 두려움 없이 앉아 있는 독수리는
독수리와 같은 그의 기질을,
한껏 펼친 독수리의 날개는
구전 가르침을 완전히 전수받았음을,
바위틈에 있는 둥지는
그의 생명력이 바위보다 단단함을 나타냄이라.
독수리가 새끼를 낳은 것은
비할 바 없는 제자가 생긴다는 것
하늘을 메운 어린 새들은
이 제자로부터 까규의 가르침이 퍼진다는 뜻이니라.
독수리의 눈이 하늘을 응시함은
윤회계를 벗어남이며
광활한 창공을 활강하는 독수리의 모습은
열반에 이름이니라.

이렇게 늙은 아비가 말하노니
미래에 우리 수행 법맥은 영예롭게 번영하리라!

이렇게 마르빠는 밀라래빠의 '네 기둥에 대한 꿈'을 해석하여 북쪽에서 밀라래빠에게 까규 전승을 널리 알릴 위대한 제자가 올 것이라고 예언했다. 예언에 따라 감뽀빠는 북쪽에서 밀라래빠를 찾아 왔으며, 그에게 해와 같은 제자가 되어 티벳에서 비할 자 없는 높은 성취로 불법을 널리 알렸다.

밀라래빠는 후에 또 다른 계시적인 꿈을 꾸었는데, 본존인 바즈라요기니가 나타나 해와 같은 제자 한 명과, 달과 같은 제자 한 명 그리고 25명의 뛰어난 제자들이 별과 같이 빛날 것이라고 알려주었다. 이 중에서 감뽀빠는 해와 같은 제자가 되어 모든 제자 중에 가장 빛나게 될 것이라고 했다.

감뽀빠는 석가모니 부처님 이전에도 여러 생 동안 위대한 보살로 살았다. 세 번째 부처님이었던 디빵까라 부처님 이전에도 감뽀빠는 연화대사라는 이름으로 많은 중생들을 이롭게 했다. 디빵까라 부처님 당시에는 미월화美月花 보살로 환생했었다.

석가모니 부처님께서도 감뽀빠의 출현을 『월등삼매경月燈三昧經』 등을 비롯한 경전에서 예언한 적이 있다. 『대비연화경大悲蓮花經』에서 부처님은 다음과 같이 말씀하셨다.

아난다여! 미래에 내가 열반에 든 후 '약사藥師'라고 불리는 비구가 북쪽에서 나타나리라. 그는 전생에 수천 명의 부처님들을 모신 후 디빵까라 부처님을 극진하게 모셨느니라. 그는 높은 공덕과 대자대비한 마음을 지녔고 일체유정을 위해 대승의 길에 들어섰느니라. 그는 매우 학식이 높고 보살승의 경전에 통달한 이로 올 것이다. 그는 대승의 가르침을 그릇됨 없이 완전하게 전할 것이니라.

석가모니 부처님 당시 감뽀빠는 그의 제자 중 하나였으며 찬드라쁘라바(새로운 달빛의 치유자)라는 이름의 보살이었다. 찬드라쁘라바는 라자그라하에 사는 부호의 아들이었다. 이름에 걸맞게 그는 보살일 뿐만 아니라 매우 훌륭하고 재능이 탁월한 의사였다. 그는 병든 이들에게 약을 주어 낫게 하고 때로는 그의 가피가 너무 강해서 어떤 이들은 그의 이름을 듣는 것만으로도 혹은 그가 상처에 손을 대는 것만으로도 환자들은 나았다.

어느 날 석가모니 부처님께서 라자그라하 근처의 영축산에서 법륜을 굴리고 계실 때 찬드라쁘라바는 부처님과 여러 보살들을 집으로 초대했다. 부처님의 일행이 도착하자 찬드라쁘라바는 부처님께 예경을 올리고 가르침을 청했다. 이에 응하여 부처님께서는 『월등삼매경』을 설하시게 된 것이다. 이 가르침을 설하시고 나서 부처님은 그 자리에 모인 제자들 중 누가 미래에 이 가르침을 널리 알릴지 자원해 보라고 하셨다. 이때 찬드라쁘라바가 일어나서 반드시 미래에 중생들에게 이 경전의 가르침을 널리 알리겠다고 서원했다. 찬드라쁘라바가 서원을 발하자 부처님은 미래에 그가 『월등삼매경』의 가르침을 펼 때 불법이 굳건해질 수 있게 도와주겠노라고 하셨다.

이 가르침을 알리기 위해 찬드라쁘라바는 설산의 땅 티벳에 태어난 것이다. 그는 닥뽀 하제・감뽀빠로 알려지게 되었고 그 명성은 티벳 전역에 퍼졌다. 그는 십지 보살의 경지에 올랐으며 법신을 증득했다. 밀라래빠는 감뽀빠의 출현을 명상 중에 보고 그에게 삼매 속에서 가피를 내려 자신에게 인도했던 것이다. 그리하여 태양과 같은 감뽀빠는 티벳 불교에 광명을 비추며 무수한 중생들을 깨달음으로 이끌었다.

02 속인(俗人) 감뽀빠

법왕 감뽀빠는 1079년 양띠 해에 중앙 티벳 세오 계곡의 넬 지방에서 태어났다. 그의 아버지는 우쪼 가와르 걜뽀라는 이름의 의사였다. 우쪼 가와르 걜뽀는 두 명의 아내가 있었다. 아내들은 아들을 한 명씩 낳았는데 감뽀빠는 그 중 맏이였다. 부모는 그에게 뒨뚠빠 다르마 닥이라는 이름을 주었다.

  어린 시절 감뽀빠는 뛰어난 자질을 여러 방면에서 보였다. 그의 아버지는 사회생활에 능해 뛰어난 화술로 의료적인 자문을 잘할 수 있도록 감뽀빠를 가르쳤다. 감뽀빠는 여러 과목과 주제에 대해서 흥미를 보였고 그의 열정과 헌신 그리고 열린 마음으로 인해 그는 열여섯 살이 될 무렵 이미 대단한 의사이자 학식 있는 청년으로 인정받았다. 또한 닝마 법맥의 여러 스승들에게서 구햐삼마자·헤루까 걀뽀 등을 비롯한 금강승의 가르침도 받고 있었다. 아버지의 세심한 지도로 여덟 가지 의학 분야에 대해서도 통달했다.

스물두 살이 되던 해 감뽀빠는 지역의 강력한 영주인 다르마 외의 여동생과 결혼했다. 그녀는 성숙한 숙녀로서의 자질을 갖추고 있었다. 그녀는 침착하고 우아했으며, 예의가 바르고 강인하면서도 아름답고, 신심이 깊고 지적이었다. 감뽀빠와 아내는 행복했으며 아들과 딸을 낳아 가족을 이루었다.

결혼을 한 지 몇 년이 지났을 무렵 감뽀빠가 사는 지역에 전염병이 돌았다. 의사로서 감뽀빠는 밤낮으로 열심히 일하며 끔찍한 전염병으로부터 사람들을 구하려 했지만 역병은 사람들을 하나씩 앗아갔다.

어느 날 저녁 감뽀빠는 집에 돌아와 아들이 전염병으로 죽었다는 소식을 접했다. 그 다음 날 아침 감뽀빠는 아들의 시신을 안고 묘지로 가서 오랜 동안 기도를 하며 아들이 극락왕생하기를 빌었다. 그는 쓸쓸히 혼자 집으로 돌아왔다. 집에 이르자 이번에는 딸이 전염병으로 눕게 되었다. 며칠을 애썼으나 딸도 결국 죽고 말았다. 감뽀빠는 또다시 묘지로 딸의 작은 몸을 안고 갔다. 아들에게 했던 것처럼 딸의 극락왕생을 위해 기도했다. 감뽀빠는 또다시 혼자 집으로 돌아왔다.

이제 더 이상 그는 아버지가 아니었다.

며칠이 지나자 아내마저 병들어 누웠다. 감뽀빠는 모든 의료 기술을 동원해 아내를 치료했다. 그리고 수차례 기도를 하고 또 했다. 치유를 위한 의식과 모든 약재를 다 써보았지만 모든 것이 쓸모없었고 아내의 병세는 점점 더 나빠졌다.

아내의 고통은 참을 수 없을 정도였고 끝도 없었지만 그녀는 어떻게 해서든 삶을 부여잡으려고 발버둥쳤다. 감뽀빠는 아내가 괴로워하는 것을 옆에서 지켜보는 수밖에 없었다. 하루 종일, 매일 매일 그는 아내 침대 옆에 앉아 경전을 읽으며 아내를 조금이라도 편안하게 해주려 노력했다.

며칠이 지난 후 감뽀빠는 생각했다. '아내는 이 끔찍한 고통을 당하면서도 이생에 집착하고 있다. 왜 아내는 편안하게 이생을 놓지 않는 것일까? 왜 그토록 힘겹게 싸우고 있는 것일까? 아내는 무언가에 강하게 집착하고 있는 것이 틀림없겠구나.' 이러한 생각에 이르게 되자 감뽀빠는 아내에게 말했다.

"윤회계의 괴로움을 이해하지 못하는 사람들은 괴로움에 지치게 되어 있소. 그들은 윤회계에 남아 있고자 하며 그래서 고통을 받고 비참하게 되는 것이오. 나는 일장춘몽과 같은 세속의 것들에 강하게 집착하는 이들을 보면 딱하다는 생

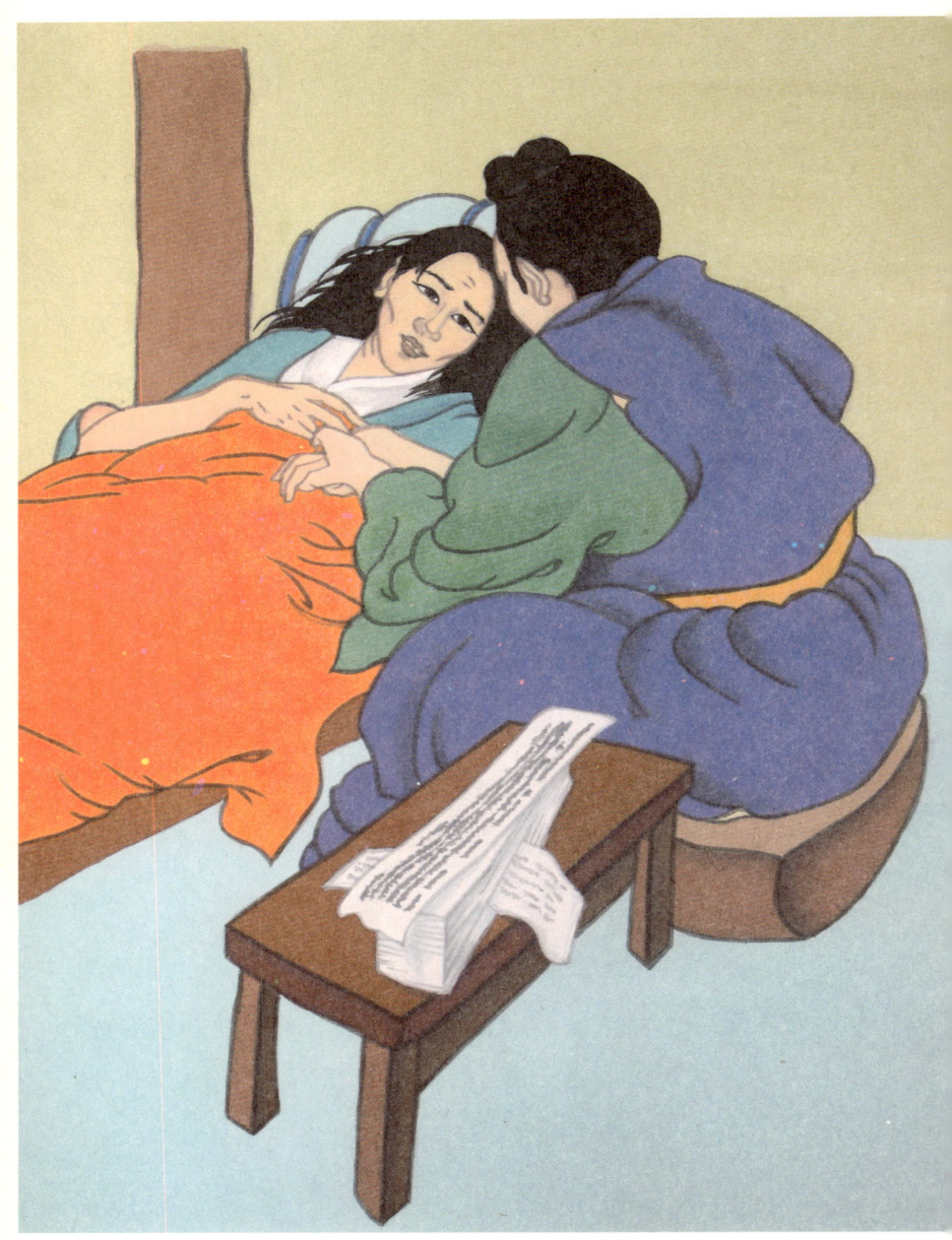

각이 든다오.

오, 사랑하는 아내여, 나는 당신이 평화롭게 눈을 감을 수 있기를 바라오. 당신이 계속 고통 받는 것을 볼 수 없구려. 당신이 무언가에 혹은 누군가에 집착하고 있다면 말해 보시오.

만약 이 집이나 우리 땅을 놓고 갈 수 없다고 생각한다면 사원에 보시하겠소. 보석들이 신경 쓰인다면 스님과 가난한 이들에게 나누어 주겠소. 놓고 싶은 것이 또 있소? 우리는 전생의 약속에 의해 이번 생에서 만났지만 우리의 업보로 인해 지금 질병에 걸렸소. 내가 할 수 있는 것을 모두 했지만 당신의 고통만 더 지속되게 했소. 나도 이번 경험으로 얻은 교훈이 있소. 당신과는 상관없이 나는 이번 생에 불법을 위해 내 생을 바치겠소."

아내는 너무 병약해져 겨우 그를 보며 고백했다.

"저는 이제 죽을 거예요. 저는 우리 재산에 대해서는 어떠한 애착도 없어요. 우리의 재물이나 명예에 대해서도 애착이 없어요. 하지만 저는 당신을 놓을 수가 없어요. 당신은 아직 젊고 멋지세요. 제가 죽은 후에 당신이 예쁜 여자와 결혼해 저를 잊어버리실 거잖아요? 그러면 저는 오빠인 다르마 외를 보내서 여자들이 당신을 유혹하지 못하도록 할 거예요.

더구나 당신이 얘기한 대로 윤회계에서는 진정한 행복을 바랄 수 없어요. 나의 사랑하는 남편, 의사님 당신의 몸과 마음을 불법에 완전히 헌신하기를 바랍니다."

감뽀빠는 부드럽게 대답했다.

"당신이 이번 병으로부터 낫는다고 해도 우리 둘이 영원히 함께 할 순 없소. 당신이 저 세상으로 간다면 나는 출가할 것이오. 그대 앞에서 맹세하기를 바라오?"

아내가 말했다.

"나는 당신이 약속한 말은 반드시 지키는 사람이라는 것을 알지만, 제 마음이 편안해질 수 있도록 맹세를 해준다면 정말 기쁘겠어요."

감뽀빠는 삼촌 뺄조를 증인으로 불렀다. 그는 금장으로 글씨를 쓴 경전을 자신의 머리 위에 올리고 출가해서 불법을 위해 여생을 바치겠다고 맹세했다. 이를 본 후 감뽀빠의 아내는 그의 손을 잡고 눈을 쳐다보았다. 비로소 마음이 편안해진 아내는 한숨을 깊게 쉬며 생을 마감했다.

온 가족을 잃은 슬픔에 감뽀빠는 전 재산을 세 가지로 나누어 일부는 아내를 위한 장례식 비용으로 사용했고, 일부는 가난한 이들을 위해 자선금으로 내놓았고, 나머지는 불법을 공부하기 위해 남겨 놓았다. 그는 아내의 시신을 화장하고 그 재로 짜-짜tsa-tsa(재와 찰흙을 섞어서 만드는 불상)를 만들었다. 또한 그녀를 기리기 위해 탑을 만들었는데 후에 사람들은 이 탑을 조모 최몐, 즉 '아내의 탑'이라고 불렀다. 이 탑은 아직도 넬 지방에 가면 볼 수 있다.

그리하여 감뽀빠 닥뽀 하제, 닥뽀에서 온 의사는 무상과 죽음의 교훈을 배웠다. 윤회계의 본질인 고통을 맛본 법왕 감뽀빠는 세속팔법을 버리고 후에 수많은 중생들을 돕는 출가의 길을 가게 되었다.

03 출가 승려가 되다

장례식을 마친 뒤 감뽀빠는 세속의 삶을 정리하게 되어 홀가분해졌다. '이제야말로 진정으로 불법에 전념해야겠다'고 생각했다. 그리고 혼자서 니통이란 지역에 가서 명상을 하기 시작했다.

한편 감뽀빠의 삼촌인 뺄조는 조카가 걱정되었다. "나의 가련한 조카는 분명 아내를 잃고 마음이 아플 터인데… 그녀를 무척이나 사랑했으니… 그를 찾아가 위로라도 해줘야겠다"고 생각한 뺄조는 술과 음식을 싸들고 감뽀빠를 찾아갔다.

뺄조가 도착할 무렵 감뽀빠는 막 오후 명상을 마치고 있었다. 둘은 서로 반가워 인사를 하며 술과 음식을 들었다. 뺄조는 조카가 깊은 슬픔에 빠져 있을 것이라고 생각했다. 그것이 일반적인 관습이자 상식적인 일이라고 생각했다. 그러나 감뽀빠는 불법에 전적으로 헌신하겠다고 서원했고, 이로 인해 수많은 생을 보살로 살았던 업이 살아났다. 감뽀빠는 명상하는 것이 매우 익숙하고 자신에게 잘 맞는다는 것을 알게 되었다. 짧은 기간 동안의 명상 안거였음에도 불구하고 그는 이미 깊은 선정을 증득했던 것이다.

그러나 뺄조 삼촌은 이러한 사실을 전혀 알지 못했다. 그가 보기엔 감뽀빠의 행동이 전혀 정상인의 행동으로 보이지 않았다. 그에겐 아내를 잃은 조카가 이처럼 평화롭고 밝을 수 없다고 생각했다. 뺄조는 마음이 다소 불편해졌다.

대화를 하던 중 감뽀빠는 삼촌에게 "아내가 이생을 떠났으나 저는 이제 마음이 편안하고 행복합니다"라고 말했다.

이 말을 들은 뺄조는 불같이 성을 내며 "돌아가신 부인 같은 여인을 어디서 얻을 수 있단 말인가? 다르마 외가 조카의 말을 들었다면 자네가 혼인서약을 파기했다고 난리를 칠 걸세!"라고 소리 질렀다. 그리곤 흙 한 줌을 감뽀빠의 얼굴에 집어던졌다.

감뽀빠는 전혀 성내지 않았다. 그리고 얼굴의 먼지를 닦으며 대답했다.

"삼촌, 제가 죽은 아내의 임종 때 했던 서원을 잊어버리셨습니까? 제가 그때 약속한 대로 불법을 수행하고 있지 않습니까?"

뺄조는 화를 가라앉혔다. 감뽀빠의 말이 마음 깊숙이 들어와 박혔다.

"조카, 그대가 맞네. 나는 비록 나이 들고 주름살과 흰 머리가 늘었지만 지혜도 없고 깨달음도 없다네. 나는 불법에 대해서 생각하지도 않고 수행은 말할 것도 없다네. 내 자신이 부끄럽네. 불법을 열심히 수행하게, 조카. 내가 그대의 땅과 재산을 잘 관리해주겠네."

뺄조 삼촌의 방문 후 감뽀빠는 부처님의 길을 따르기 위해서는 불법에 대한 가르침이 더 필요하다고 느꼈다. 그리고 출가하겠다고 약속한 말을 지키고도 싶었다. 그리하여 그는 친인척들에게 알리지 않고 몇 가지 물건만을 가지고 니통에 있는 자신의 안거처를 떠나 라싸 북쪽 판유지역의 유명한 까담파 사원인 뽀또 사원으로 여행을 떠났다.

사원에 도착한 감뽀빠는 그곳의 주지인 라마 뽀또와 린첸셀과 친견을 요청했다. 감뽀빠는 주지 스님의 처소로 안내를 받아 들어갔다. 정성을 다해 삼배를 마치고 흰색 까닥천을 올린 감뽀빠는 말했다.

"켄뽀 린뽀체시여, 저는 넬 지방 출신입니다. 저는 불법에 일생을 바치기 위해 이곳에 왔습니다. 저에게 불법의 문을 열어주시고, 지도해 주시며 이곳에 머물게 허락해 주시면 감사하겠습니다."

주지 스님인 뽀또와가 대답했다.

"나는 재산이 많지 않다. 그대가 여기서 불법을 배우고 싶다면 스스로 숙식을 해결하도록 하라."

감뽀빠는 속으로 생각했다. '만약 내가 그럴 수 있다면 애초에 요청하지 않았을 것이다. 구햐삼마자 탄트라에 의하면 스승은 네 가지 자비를 구족해야 한다고 했다. 지속적인 자비, 자발적인 자비, 가피와 기도를 내리는 자비 그리고 제자들의 근기에 맞게 지도하는 자비라고 되어 있다. 이러한 스승만이 중생들을 도울 수 있다. 이 라마는 자비가 적구나. 나는 이 스승과 인연이 적은 것 같다. 나는 그에게 존경심이 우러나지 않는다.'

그리하여 감뽀빠는 뽀또와 사원을 떠나 넬로 돌아왔고 불법 공부에 쓰기 위해 16온스의 금을 모았다. 그는 다시 판유로 여행을 떠나 이번에는 갸차끼(철벽) 사원으로 향했다. 그는 그곳에서 출가했다. 그리고 몇 년이 지난 스물여섯 살에 비구계를 완전히 수지하고 라마 갸칠와로부터 쐬남 린첸, 즉

귀한 공덕이라는 법명을 받았다.

샤와링빠와 챠둘와진빠로부터 까담파의 여섯 가지 논서와 『대승장엄경론』·『현관장엄론』·『아비달마구사론』 그리고 여러 논서들을 배웠다. 그는 이 모든 것을 완전히 통달했다.

마율에서는 까담파 게셰 마율 로덴 셰랍으로부터 챠끄라삼바라의 관정과 구전 가르침을 받았다. 또한 헤바즈라와 구햐삼마자 등 탄트라를 전수받았다.

다음은 중앙 티벳으로 만행해 저명한 까담파 스승인 게셰 차둘와진빠·게셰 갸차끼 강까와·걔욘닥 그리고 게셰 뉵룸빠 아래서 지도를 받았으며 아띠샤 디빵까라와 까담파 법맥의 모든 가르침을 배웠다.

이 시점에 이르자 쐬남 린첸은 생각했다. '이제 나는 가르침들을 수행으로 증득해야겠다.' 이러한 목표를 가지고 감뽀빠는 사원 근처에 작은 토굴을 짓고 알고 있던 농부에게 숙식에 대한 모든 부분을 부탁한 후 갸차끼에서 명상을 하기 시작했다.

쐬남 린첸은 지혜와 자비가 뛰어나고 욕망은 적었으며 불법에 대한 신심이 확고해 게으름과 냉담한 모습은 찾아보기 어려웠다. 그는 낮에는 경서를 공부하고 밤에는 명상했다. 또 탑돌이를 하고 성지순례를 다녔으며 여러 자비행을 했다.

그의 커다란 자비심과 청정계율 때문에 곤충들도 그를 무는 일이 없었다. 그는 음식 없이도 5~6일을 너끈히 지낼 수 있었으며 몸은 항상 지복감으로 가벼웠다. 또 삼매에 들어 며칠씩 지낼 수 있었고 거친 탐진치 삼독이 거의 가라앉은 상태였다. 『최승금광명경最勝金光明經』에 예언되어 있는 십지十地 보살인 법운지法雲地를 성취하기 전에 나타나는 모든 표시들이 감뽀빠의 꿈에 나타났다. 감뽀빠는 선교禪敎를 완전히 통달했다.

⁰⁴ 스승의 부름

 어느 날부터인가 감뽀빠 쐬남 린첸은 이상한 비전을 보기 시작했다. 비전에는 피부가 녹색인 요기가 넝마를 입고 등장했다. 수행자는 감뽀빠의 머리에 손을 얹고는 손가락에 침을 묻혀 감뽀빠 얼굴에 뿌렸다.

 감뽀빠는 이후 삼매가 점점 깊고 강해지는 것을 느꼈다. 제법에 대한 통찰력도 향상되었다. 지복감이 넘쳐흘렀고 마음은 점점 명료하게 깨어 있게 되었다. 그리고 너무나도 몸과 마음이 가벼워 날아갈 것만 같았다. 이 환각은 이내 수그러들었지만 그 생생함은 전혀 변하지 않았다.

 이 경험이 있은 지 얼마 후 감뽀빠는 마을에서 만난 승려들에게 자신의 비전과 경험을 이야기했다. 승려들은 감뽀빠를 훈계했다.

"그대는 계를 받은 비구일세. 이제까지 청정한 계율을 지키며 지내지 않았는가? 그대가 요기에 대한 꿈을 꾸기 시작하면 문제가 생길 걸세. 그런 꿈은 마구니의 힘일 뿐이네. 스승님께 가서 부동의 백색 아찰라 진언과 구전 가르침을 요청하게. 아찰라 수행이 장애를 제거해 줄 걸세. 그대를 위해 특별 예불을 해달라고 사원의 승가 대중에게 요청하게. 또한 백 개의 똘마 공양의 가피를 요청해서 그대가 보호되고 정화되도록 해보게. 그러면 마구니도 제거되고 앞으로의 장애도 없을 걸세."

감뽀빠는 그들의 권고를 바로 실행에 옮겼지만 녹색 요기는 점점 더 자주 나타났다.

한편 닥마르 포토라는 동굴에서 밀라래빠는 수제자 레충도제 닥빠·시와외레빠·세븐래빠·안쬔뒨빠와 다른 제자들에게 진제와 속제에 관해 법문하고 있었다. 법문 중에 잠시 쉬고 있을 때, 래빠들 중 한 명이 밀라래빠에게 다가와 물었다.

"스승님이시여, 이제 스승님께서 점차 연로해지고 계시니 제자들은 염려가 됩니다. 어느 날 갑자기 스승님께서 정토로 가시면 누가 스승님을 대신해 우리를 가르칩니까? 누가 수행의 장애나 궁금증을 풀어주겠습니까? 재가자들 또한 공덕을 쌓을 기회가 사라지게 됩니다.

누가 스승님의 뒤를 이어야 하는지요? 누가 되었든 마치 한 보병에서 다른 보병으로 감로를 옮겨 담듯 우리 법맥의 완전한 구전 가르침을 전수하시고 필요한 관정을 내리시어 법맥의 완전한 소유자가 되게 하여 주시옵소서. 계승자가 없다면 우리의 소중한 가르침과 전승이 널리 퍼지지 못하고 제자들이 적절한 지도를 받지 못할까 걱정됩니다."

밀라래빠는 이들의 요청을 주의 깊게 듣고 있었다. 처음에는 약간 언짢은 듯했으나 이내 대답했다.

"그렇다. 물론 나의 가르침을 완전히 전수받고 더욱 발전시킬 좋은 제자를 두어야 할 것이다. 오늘 저녁 그가 어디에 있는지 보리라. 내일 아침 일찍 모여라. 그때 내가 무엇을 보았는지 알려주리라."

다음날 밀라래빠는 평소보다 일찍 일어나 제자들과 후원자들을 불러모았다.

"적절한 법기, 한 보병에서 다른 보병으로 감로를 옮기듯 나의 구전 가르침을 받을 이가 곧 올 것이다. 그는 출가한 비구승이며 '약사'라고 불리기도 한다. 그는 나의 법을 선양할 것이며 시방으로 퍼지게 할 것이다.

어젯밤 나는 빈 수정 보병을 받는 꿈을 꾸었으며 은으로 된 나의 보병에서 감로를 가득 옮겨 부었다. 이 늙은 아비가 이젠 아들을 얻게 되었으니 일체유정을 이롭게 할 것이다! 떠오르는 태양이 대지를 비추듯 이 아들은 불법의 빛을 사방에 방사하리라. 이보다 더 바랄 것이 있겠는가? 기쁘고 기쁘도다!"

환희에 넘친 밀라래빠는 다음의 게송을 노래로 불렀다.

모든 스승들께 절하나이다.
모든 존귀한 이들에게 기도를 올리나이다.

동쪽에서 설사자 우유가 발견되었네.
공덕과 성취로 가득할지도 모르지만
마시기 전에는
그 참맛을 알 수 없네.
그 맛을 본 자만이
그 참맛을 깊이 음미할 수 있지만
오직 천상의 인드라만이 마셨을 것이네.

남쪽에는 장엄한 호랑이가 있나니
힘을 다해 덤비네.

장엄하기 그지없으나
실제로 맞붙어 싸워보기 전에는
어느 정도인지 알 수 없나니
호랑이와 맞서 싸워봐야만
그의 힘을 참으로 알 수 있다네.
하지만 오직 돔비 헤루까만이 호랑이를 타고 다니네.

서쪽의 주르모 물고기에게는 매우 쓴 쓸개가 있나니
이처럼 쓰디 쓴 맛은 세상에 없네.
직접 맛을 보기 전에는
아무도 상상하지 못하리니
맛을 보았을 때만이
그 쓴 맛을 알 수 있지만
용신龍神과 가워족뽀만이 먹었을 것이네.

북쪽에는 강력한 청룡이 힘을 뽐내네.
실제 겨뤄보기 전에는
그의 힘을 알 수 없네.
용과 씨름해 보아야
그 진정한 힘이 느껴지리니
천신 무장인 게 룩하만이 맞설 수 있으리.
동쪽의 설사자 우유는

금빛 국자로 떠야 하리니
보통의 국자로 뜨다가
국자가 부러져 우유를 쏟아선 안 되네.

나로빠와 마이뜨리빠의 가르침은
깊고 매우 심오하지만
수행을 하지 않고는
그 깊이를 알 수가 없으니
수행을 통해서만이 그 심오함을 체득할 수 있다네.
이것이 나의 아버지이신 마르빠의 가르침이고
이것이 나 밀라래빠의 수행이라네.

나 밀라래빠의 체험과 통찰 그리고 가르침은
언제나 근기에 맞고 정확하니
선근이 없는 이들은 받을 수 없으리.
적절한 법기들만이 받을 수 있지만
나의 계승자로 오는 비구만이
모든 가르침을 전수받으리.

이렇게 밀라래빠는 노래했다.

05 세 명의 거지

어느 봄날 감뽀빠는 처소 앞으로 산책을 나갔다. 하늘은 맑고 밝았으며 태양은 밝게 빛나고 있었다. 오랜 기간 동안 명상과 공부로 시간을 보낸 감뽀빠는 맑고 시원한 산의 공기를 마시자 몸이 상쾌해졌다. 그는 탑돌이를 하기 위해 걸었다.

감뽀빠는 사원 일주문으로부터 멀지 않은 거리에서 불을 쬐고 있는 거지 세 명을 보았다. 그 옆을 지나갈 때 감뽀빠는 그들의 얘기를 듣게 되었다.

첫 번째 거지가 말했다.

"요즘 갸차끼의 자비로운 스님들이 모든 불자들이 참가할 수 있는 법문을 하고 있다네." 히죽거리며 그는 덧붙였다.

"법문이 끝나면 공양을 같이 하자고 초대하곤 하지! 음식을 먹고 나면 먹다 남은 죽이라도 걸식할 수 있고, 그러면 근처에서 더 먹을 수 있을 걸세! 어떤가? 가보지 않겠나?"

두 번째 거지가 말했다.

"나에게 더 좋은 생각이 있네. 나는 하늘에서 짬빠 한 그릇이 떨어졌으면 하고 빈다네. 짬빠가 생기면, 차와 버터 그리고 후추를 조금 넣어 섞는다네. 그리곤 사원 동쪽에 있는 빈 집에 들어가 배부르게 먹는 거야!"

가장 나이가 많아 보이는 세 번째 거지는 새 장작 하나를 불에 던져 넣으며 말했다. 불이 확 타오르며 세 명의 얼굴을 비추었다.

"쉬! 저기 보게. 스님 한 분이 오시네. 그가 우리 얘기를 들으면 갸차끼에 가려는 계획이 틀어질 걸세. 우리는 멸시나 받을 거야. 내 얘기를 명심하게. 독수리가 배를 곯고 있어도 하늘을 활공하듯이 현명한 이는 굶을지언정 항상 웃는다네. 자신이 얼마나 배고픈지 다른 이들이 알지 못하게 하란 말일세!

어찌 되었건, 왜 음식만을 기원하나? 기왕 꿈을 꾸려면 큰 꿈을 꾸는 게 낫지! 왕이 된다든가 재산과 권력으로 불법을 보호하고 널리 알리는 제석천왕 같은 사람이 되었으면 하는 게 낫지.

아니면 위대한 수행자인 밀라래빠처럼 되기를 꿈꾸던가. 그는 수행자 중의 수행자라네. 그는 참된 수행자로 서쪽 설산의 동굴에 살고 있지. 명상의 힘으로 무명 옷 하나만 걸치고 살 수 있다네. 우리처럼 불을 쬐지 않아도 된다네. 그는 지복의 뚬모 수행으로 내부열을 발생하여 항상 몸이 따뜻하고 걸식을 안 해도 된다네. 그의 말에 의하면 다키니들이 직접 와서 감로수를 준다고 하더군! 그야말로 진정 밤낮으로 마하무드라를 수행하는 자일세. 그리고 만행을 다닐 때는 날아서 다닌대!

소원을 빌려면 밀라래빠 같은 수행자가 되게 해달라고 해야 해. 밀라래빠처럼 세속의 삶을 버리고 불법을 수행하게 해달라고 비는 것이 가장 최고의 소원일 것이야. 만약 그처럼 사는 것이 불가능하다면 적어도 이생이 끝나기 전에 그의 얼굴을 한 번 친견하는 가피를 기원하던가!" 이렇게 말하던 세 번째 거지는 훌쩍거리기 시작했다.

감뽀빠는 밀라래빠라는 이름을 듣는 순간 굉장한 신심이 홀연히 일어났는데 너무 강력하여 잠시 그 자리에서 기절했고 그렇게 반나절이 지나서야 깨어났다. 정신을 차렸을 때 그의 마음은 완전히 환희에 가득차서 헌신의 눈물이 쏟아졌다. 그것은 마치 열정에 넘치는 젊은이가 최고의 미인을 본 것 같은 기분이었다. 그는 환희로웠고 온몸에 소름이 돋고 부르르 떨렸다.

비구 쐬남 린첸은 밀라래빠가 살고 있는 서쪽 설산을 향해 몇 번이고 절을 했다. 절을 하는 동안 감뽀빠는 "오, 존경하는 스승이시여, 저에게 자비를 베푸소서. 저를 보호하소서!"라고 열렬하게 기도했다.

정신을 차리고 보니 자신이 어디에 있는지 무엇을 해야 하는지 어리둥절했다. 그는 집으로 돌아와 곧장 좌선실로 들어가 향을 사르고 초를 켰다. 그리고 당시 주 수행이었던 칠지공양七支供養 기도를 하려고 했다. 그가 수백 번 반복했던 의궤에 따라 기도를 하려고 했으나 아직도 얼떨떨해서 집중할 수가 없었다. 기도를 하는 의미를 전혀 찾을 수 없었다. "내가 어떻게 된 거지?" 그는 밀라래빠라는 말 외에는 아무것도 생각할 수 없었다. 오직 밀라래빠로부터 가르침을 받고 싶다는 생각밖에 없었다.

그날 저녁, 잠에 들기 전 쐬남 린첸은 명상을 하려고 다시 앉았다. 마치 폭풍우가 지난 후의 고요함처럼 낮에 있었던 흥분과 들뜬 마음이 가라앉자 마음이 청정하고 고요해졌다. 밤이 깊어지고 사방이 조용해짐에 따라 삼매 또한 점점 강해졌다. 이내 감뽀빠는 완전한 오매일여寤寐一如의 경지에 들어

제법이 텅 비어 있음을 보았다. "어쩌면 이제 경전에 나온 대로 나에게 타심통他心通이 생겼을지도 모르겠다." 이 생각을 하자마자 감뽀빠에게 신통력이 생겨 모든 중생들의 마음을 읽을 수 있는 타심통이 생겼다. 삼매에 들어 밤을 지샌 감뽀빠는 동이 트는 것을 보고 있었다.

이전에는 전혀 느낄 수 없었던 인생의 목적에 대한 확신과 자신감을 느끼며 쐬남 린첸은 삼매에서 일어나 복장을 갖춰 입고 거지들을 찾아 나섰다.

물어물어 인근의 여관에 투숙하고 있는 거지들을 찾았다. 잠자고 있는 그들이 일어나길 조용히 기다렸다. 신분 높은 스님이 자신들을 찾아온 것에 놀란 거지들은 깨자마자 재빨리 일어나 합장을 하고 감뽀빠를 맞이했다. 쐬남 린첸이 다음과 같이 이야기했을 때 거지들은 더더욱 놀랐다.

"부처님의 가피가 함께 하시기를 기원합니다. 가차끼에 오신 것을 환영합니다. 긴 여행에 매우 배고프시겠습니다. 여러분들이 아침 식사에 함께 해주신다면 영광이겠습니다."

자신들의 엄청난 복을 믿을 수 없는 세 거지들은, 이것이 생시인지 어안이 벙벙해하며 아직 꿈을 꾸고 있는 것인지, 배가 고파 헛것을 본 것인지, 굶어 죽어 아미타 부처님의 극락정토에 온 것인지 오락가락 했다. 거지들은 주저하며 젊은 스님을 유심히 바라보았다. 감뽀빠의 배에서 꼬르륵 소리가 나자 비로소 현실임을 믿으며 초대를 기꺼이 받아들였다.

거지 세 명은 스님의 처소에 둘러앉았다. 고기와 짬빠, 차가 푸짐하게 차려졌다. 그들이 상상한 것 이상이었다. 태어나서 이렇게 잘 먹어보긴 처음이었다. 식사를 마친 거지들은 행복하고 만족스러웠다.

쐬남 린첸이 말했다.

"어제 산책 중에 여러분들이 불을 쬐는 곳을 지나가게 되었습니다. 강한 염리심과 높은 성취를 이룬 수행자에 대해 이야기하는 것을 듣게 되었습니다. 그가 어디에 있는지, 그의 스승은 누구였는지, 그는 어떤 가르침을 주는지, 어떤 품성을 갖추었는지를 말해주실 수 있겠습니까?"

두 젊은 거지들이 말했다.

"우리는 그 수행자에 대해서 잘 모릅니다."

나이 많은 거지가 말했다.

"아, 예. 그 수행자는 밀라래빠라고 합니다. 그는 라싸 서쪽의 궁탕이라는 지역에 있습니다. 그의 스승은 역경사 마르빠라는 분이셨는데 그는 인도의 대성취자 나로빠의 제자였답니다. 밀라래빠는 헤바즈라 탄트라로부터 연유하는 나로빠의 육성취법六成就法을 가르칩니다. 많은 사람들이 그를 친견하지만 때로는 어디 있는지 못 찾는 경우도 있습니다. 어떤 이들은 그를 사리탑으로 보기도 하고, 어떤 이들은 석가모니 부처님의 모습으로 보기도 하는데, 아마 여러 모습으로 나투시는 모양입니다. 저도 개인적으로 직접 본 적은 없습니다."

감뽀빠가 말했다.

"그래도 그에 대해 많이 아시네요. 그가 있는 곳까지 안내해준다면 정말 감사하겠습니다. 저에게 30온스 정도의 금이 있는데 반을 드리겠습니다. 원한다면 그것으로 불법을 공부해도 좋습니다."

나이든 거지가 눈물을 글썽이며 대답했다.

"물론입니다! 당연히 안내해 드리지요."

그날 밤 감뽀빠는 삼보三寶 전에 공양을 올리고 기도를 드렸다. 그리고 잠이 들 때까지 한마음으로 밀라래빠에게 기도를 드렸다. 꿈에 그는 황동으로 만들어진 긴 나팔을 불고 있었는데 그 웅장한 소리가 온 세상에 가득했다. 꿈속에서 사람들은 이보다 더 긴 나팔은 없을 거라고 웅성거렸다. 나팔을 분 후 감뽀빠는 엄청나게 큰 징을 울렸다.

젊은 여인이 꿈에 나타나 그에게 큰 북을 건네며 말했다.

"모든 인간들이 들을 수 있게 크게 연주하십시오."

감뽀빠는 북을 하늘 높이 걸고 두드렸다. 평온하고 환희로운 소리가 온 세상에 퍼졌다. 야생동물들과 많은 사람들이 북소리를 듣고 몰려들었다. 그러자 젊은 여인이 말했다.

"인간을 위해 북을 두드렸는데 많은 동물들도 그 소리에 가피를 입었습니다."

그런 후 이번에는 우유가 가득 찬 해골 잔을 그에게 건네며 말했다.

"부디 이 우유를 축생들에게 먹여주십시오. 목이 마를 때 그대도 마실 수 있습니다."

감뽀빠가 말했다.

"이것으로는 많은 동물들을 다 먹일 수 없습니다."

여인이 대답하고 사라졌다.

"이 우유를 마시면 축생뿐만 아니라 육계의 모든 중생들을 돕게 될 것입니다. 저는 이제 서쪽으로 갑니다."

후에 감뽀빠는 이 꿈에 대해 이렇게 말했다.

"그날 밤 나의 북소리를 들은 인간들은 중근기의 제자들로 보리도차제에 따라 수행할 이들을 가리키는 것이었다. 까담파 라마들이 남겨준 보리도차제는 참으로 소중한 보물이니라. 나의 북소리를 들은 동물들은 동굴에서 수행하게 되는 나의 요기 제자들을 나타내는 것이었다. 또한 그 꿈은 내가 나의 근본 스승이신 밀라래빠 존자님을 만나 방편의 길'과 마하무드라에 전적으로 헌신하게 된다는 것을 알려주었다."

아침에 일어난 감뽀빠는 즉시 밀라래빠를 찾아 나섰다. 그는 집과 땅을 팔고 30온스의 금을 모아 차(茶)를 산 후 까담파 스승들과 작별을 했다. 모두들 감뽀빠가 떠나는 것을 매우 아쉬워했다. 그의 스승인 게셰 첸나와가 말했다.

"우리가 동으로 된 징을 만들었는데 그 소리를 내는 이는 따로 있겠구나. 우리는 그대를 출가시키고 불법을 따르는 이가 되도록 준비시켰지만 불과(佛果)로 이끌어 주는 스승은 따로 있는 듯하다. 그대가 떠난다니 우리는 매우 슬프다. 그대는 참으로 청정하게 계율을 지켰고, 어떤 스승도 그대보다 나은 제자를 생각할 수 없었을 것이다.

그러나 그대가 떠나는 것은 피할 수 없는 운명 같구나. 요기 밀라래빠와 그대의 인연은 매우 강한 듯하니, 비구 쐬남 린첸이여, 그대 가는 길에 가피를 주노라. 어디를 가든 우리를 잊지 말거라. 출가 비구로서의 삶을 포기하지 말거라."

허락을 받은 감뽀빠는 거지와 함께 밀라래빠를 찾아 나섰다.

---

1 기맥, 풍기를 이용한 무상요가 탄트라 수행을 말한다.

06 밀라래빠를 찾아나서다

여행을 하는 동안 쐬남 린첸은 몇 번이고 "아, 나의 스승님을 언제나 만날 수 있단 말인가?"하고 탄식했다.

스승 밀라래빠에 대한 그리움이 너무 강하여 눈물이 그치지 않았고, 쉬었다 가겠다는 생각이 들지 않았다. 잠도 안자고 밤낮으로 밀라래빠를 만나기 위해 걸었다.

이러한 강행군은 늙은 거지에게는 매우 힘겨웠다. 그는 감뽀빠와 같이 한마음으로 갈 만큼 열망에 차 있지는 않았다. 늙은 거지는 발이 부르트고 근육이 뭉쳤으며 뼈가 아릴 정도로 아프기는 태어나서 처음이었다. 그는 따뜻한 모닥불과 버터차 그리고 늙고 피곤한 몸을 쉴 거처만 염원하고 있었다. 하지만 감히 이야기를 꺼낼 수 없었다. 그리하여 일행은 감뽀빠가 앞장선 채 계속해서 걸었다.

그들이 냥 지방 윗쪽에 있는 짱 지역에 이르자 늙은 거지는 버티질 못하고 결국 앓아누웠다. 그는 감뽀빠에게 말했다.

"스님, 죄송합니다. 저는 정말 아파서 더 이상은 못 가겠습니다. 저 때문에 기다리지 마십시오. 저로 인해 지체되지 않았으면 좋겠습니다. 더구나 여기서부터는 저도 별로 아는 것이 없습니다. 이 길 끝자락에 세쟈라는 사원이 있습니다. 그곳에서 저는 쉴 수 있고 스님께서는 길을 물어보실 수 있을 것 같습니다. 그곳에서 길을 알려드릴 겁니다."

감뽀빠는 그를 부축하여 사원까지 걸었다. 감뽀빠는 그곳 스님들께 정성스레 공양을 올리고 늙은 거지의 숙식과 치료를 부탁했다. 그리고 늙은 거지에게 금 한 주머니를 주며 밀라래빠의 존재를 알려준 것과, 여기까지 안내해 준 것에 대해 감사의 말을 전하고 작별 인사를 했다. 사원의 스님들이 길을 안내해주었고, 감뽀빠는 이제 홀로 스승 밀라래빠를 찾아 나섰다.

감뽀빠는 쉬지 않고 걸었다. 그러나 전혀 진전이 없는 것 같았다. 갈림길에서 감뽀빠는 잘못된 길로 들어 아무 것도 없는 곳에서 길을 잃고 헤매다가 제자리로 돌아왔다. 예상치 못한 갈림길이 몇 번 더 나왔고, 매번 어느 쪽을 가야할지 확실하지 않았다. 여행자들이 전혀 보이지 않게 되자, 감뽀빠는 길을 잃었다는 생각에 두려워졌다.

곧 광야에 밤이 찾아왔고 사방은 암흑에 휩싸였다. 처음 여행을 시작할 때는 헌신의 힘으로 몸에 정력이 넘쳐 티벳의 절반을 쉬지 않고 걸었다. 그러나 이제 암흑에 빠져 앞으로 갈 수도 뒤로 돌아설 수도 없게 되자, 좌절과 절망이 파도처럼 밀려와 땅에 주저 앉아버렸다. 얼굴을 무릎 사이에 묻고 밀라래빠에게 기도하며 울었다.

시간이 좀 지나서 감뽀빠는 자신의 울음 사이로 목소리를 들은 것 같았다. 눈을 뜨자 누군가가 등불을 들고 서 있었다. 일어나서 얼굴을 보고는 늙은 거지라는 사실에 놀라움을 금치 못했다.

"울지 마십시오. 스님" 늙은 거지가 말했다.

"제가 당신의 스승님께 안내해 드리겠습니다. 조금 휴식을 취하고 뜨거운 음식과 차를 마시자 몸이 나아졌습니다. 그 차에 뭐가 들었는지 모르겠지만 태어나서 이렇게 힘에 넘치긴 처음입니다. 무엇보다도 야생동물들이 많은 곳을 혼자 여행하는 스님이 걱정되었습니다. 그래서 잠자리를 박차고 일어나 이 등을 가지고 스님을 쫓아왔습니다."

감뽀빠는 늙은 거지를 보게 되어 기쁨에 넘쳐 울고 웃었다. 늙은 거지도 감뽀빠를 찾게 되어 안심이 되었다. 늙은 거지는 동물들의 마른 배설물을 모아 모닥불을 피웠다. 둘은 잠자리에 들었고 동이 트기 전에 일어나 길을 떠났다.

곧 넓은 길이 나타났다. 수십 리까지 뻗어 있는 길이었다. 길이 뚜렷이 보이자 다시 안심이 된 감뽀빠는 늙은 거지에게 고마움을 표시하기 위해 돌아봤다. 놀랍게도 그는 길 한가운데 혼자 서 있었다. 거지는 사라지고 없었다. 조금 전까지만 해도 뒤에서 헉헉거리는 그의 숨소리를 들었다. 하지만 지금은 온데간데없었다.

놀란 감뽀빠는 그 자리에 앉아 밀라래빠에 대해 생각했고, 다시 평온해졌다. 감뽀빠는 늙은 거지를 비롯한 두 명의 거지 모두가 스승 밀라래빠의 화신이었다는 사실을 깨달았다. 스승은 줄곧 나의 존재를 알고 있었고, 나를 자기 곁으로 부르며 안내하고 보호했던 것이다. 감뽀빠는 일어나 밀라래빠의 동굴이 있는 방향으로 큰 절을 올렸다.

감뽀빠는 새로운 기분으로 여행을 계속했다. 길은 잘 닦여졌고 방향도 알기 쉽게 되어 있었다. 된소 챠와르에 다다르자 무역 상인들이 높은 산에서 내려오고 있었다. 감뽀빠는 그들에게 밀라래빠에 대해 물었다.

네낭 지방 출신의 다와 쑹뽀라고 불리는 상인이 말했다.

"아, 밀라래빠요! 그는 위대한 수행의 성취자지요. 그는 정말 위대한 스승입니다. 티벳 전역에 유명하지요. 모두가 그에 대해서 들어봤을 겁니다. 지금은 딘 지역 추와르에 있습니다."

얘기를 들은 감뽀빠는 너무 흥분해 상인이 밀라래빠라도 되는 듯이 달려가 끌어안고 눈물을 쏟았다.

이제 자신감을 얻은 감뽀빠는 딘의 추와르를 향해 걸었다. 한참을 걸은 후 감뽀빠는 넓은 평원에 이르렀다. 그곳에 이르자 드디어 피로가 느껴졌다. 지친 그는 바위 위에 털썩 앉았다. 배고픔과 피곤으로 기진맥진한 그는 기절하여 바위에서 떨어진 채로 반나절을 누워 있었다.

정신을 차렸을 때 그의 몸은 머리끝에서 발끝까지 고통스러웠다. 갈증이 심했으나 너무 아파 움직일 수가 없었다. 참을 수 없이 고통스러웠지만, 지나가는 사람은 아무도 없었고, 음식과 물 없이 이틀 밤낮을 지냈다.

사흘째가 되자, 곧 죽을 것이라는 생각이 든 감뽀빠는 말라 갈라진 입술 사이로 눈물을 흘리며 말했다.

"내가 이생에서 밀라래빠 스승님을 만나볼 수 없다면, 중음 상태에서라도 오로지 스승님만을 귀의처로 삼으리라. 다음

생에는 스승님 가까이서 태어날 것을 맹세하노라. 그때 그의 마음과 하나가 되리라."

그는 울며 누워서 자신의 운명을 받아들이고 있었다. 그리고 얼마 되지 않아 차율에서 온 까담파 스님이 그곳을 지나가다 누워 있는 감뽀빠를 보고 말했다.

"부처님의 가호가 함께 하시기를 빕니다. 어디에 가시는지요?"

감뽀빠는 기력이 다하고 입과 목이 말라 말할 수가 없었다. 겨우 입을 열어 속삭였다.

"아무 곳도…"
"어디를 가려고 하셨는데요?"
"저는 딘에 밀라래빠 존자님을 뵈려고 했습니다."
"아, 저도 그 쪽으로 가는 중입니다. 어디 편찮으십니까?"
"예, 그렇습니다. 매우 목이 마릅니다. 마실 물을 좀 주실 수 있겠습니까?"

"물론입니다"라고 말하며 감뽀빠에게 물을 주었다. 물을 마시고 나자 감뽀빠는 기운이 생겼다. 통증은 점점 사라지고 힘이 돌아오고 있었다. 스님은 감뽀빠에게 음식을 주었고, 감뽀빠는 곧 완전히 기운을 차렸다. 도움을 준 스님과 함께 감뽀빠는 다시 여행을 떠났다.

한편 밀라래빠는 매우 환희로운 기분으로 행운봉에서 법문을 하고 있었다. 법문 중에 그는 잠시 조용히 있다가 갑자기 웃었다.

딘에서 온 쩨세라는 여제자가 물었다.

"존자님이시여, 무엇 때문에 조용히 계시다가 갑자기 웃으십니까? 제자들이 수행에 진전이 있어 기쁘신 것입니까? 조용히 계실 때는 둔근기의 제자들이 망상을 피우고 있는 것을 아셨던 것입니까?"

"둘 다 아니다." 밀라래빠가 말했다.

"그러면 어인 연유로 웃으셨는지 알려주십시오." 쩨세가 말했다.

"위 지방에서 오는 나의 아들, 비구승이 딩리에 이르렀구나. 그곳에서 기절하여 바위 곁에서 엄청난 고통에 싸여 누워 있었다. 고통에 휩싸인 그가 신심과 눈물로 나에게 도움을 요청했다. 나는 그가 가여워 삼매에 들어 가피를 보냈느니라. 그래서 도움이 신속하게 도착했구나. 이를 보면서 감동하여 기분이 좋아 웃었느니라."

이야기를 하면서 밀라래빠의 눈에도 눈물이 맺혔다.

"언제 그가 도착합니까?"

"내일 혹은 모레 중에 올 것이다."

"그를 만나게 될 선업이 저희들에게도 있습니까?"

"물론이다. 그리고 그가 도착했을 때 자리를 마련하는 특권을 누리는 이는 삼매에 드는 가피를 받을 것이다. 그를 첫 번째로 보는 가피를 누리는 자는 묘희정토에서 태어나 해탈할 것이다!"

07 스승이 계신 곳, 추와르

다음 날 감뽀빠와 까담파 스님은 다시 강 근처에 있는 마을에 도착했다. 그곳에서 감뽀빠는 직물을 뜨고 있는 여인을 만났다. 그녀에게 물었다.

"타심통을 비롯한 여러 신통을 지니신 위대한 수행자 밀라래빠 존자님이 어디에 사시는지 아시오?"

"그에 대해서 잘 아는 여인에게 데려다 주리다. 따라오시오"라고 그녀는 대답했다.

그녀는 감뽀빠를 다소 연로하고 흰 무명옷을 걸치고 있는 여인에게 안내했다. 여인은 배가 불룩했으며 널찍한 허리띠를 두르고 있었다. 감뽀빠는 공손하게 밀라래빠의 거처를 여쭈었다.

연로한 여인은 물었다.

"스님께서는 어디서 오셨습니까?"

"저의 법명은 쐬남 린첸으로 위 지방에서 존자님을 친견하기 위해 왔습니다." 감뽀빠가 대답했다.

"아, 그렇군요. 그렇다면 도와드리지요. 하지만 오늘 밤에는 존자님께서 계신 곳에 다다를 수 없습니다. 저희 집 2층에 머물도록 하십시오. 제가 공양을 올릴 수 있다면 큰 가피이겠습니다."

여인의 집은 매우 좋았고 새로 칠하여 깨끗하고 산뜻해 보였다. 안에 들어가자 그녀가 차와 음식을 내왔다.

모두가 적당히 먹었을 무렵 여인이 말했다.

"밀라래빠 존자님께서는 스님께서 오시는 것을 아셨습니다. 어제 아침 존자님을 친견하러 갔었는데 '까담파 스님 한 명이 위에서 나를 보러 올 것이다. 나에게 그를 데리고 오는 자는 삼악도에 떨어지는 것을 두려워할 필요가 없으리라' 말했습니다. 그리고 스님의 미래에 대해서도 예언을 하셨습니다. 밀라래빠께서는 천안통으로 스님께서 딩리에서 과로로 편찮으셨던 일을 보시고 삼매에 들어 가피를 보내셨다고 하셨습니다.

저는 존자님께 스님을 첫 번째로 맞이하는 가피를 허락 받았습니다. 제 딸도 명상 수행자인데 존자님께 매우 헌신적입니다. 존자님께서 딸에게 말하기를, 귀한 집안의 아들이 자신의 제자가 되기 위해 오는데 그를 정성껏 맞이해야 한다고 하셨답니다. 제 딸이 내일 아침 스님을 모시러 올 것입니다. 그러니 오늘 저녁은 저희 집에 머물도록 하십시오."

감뽀빠는 여인의 이야기를 듣고 생각했다.

'딩리에서 내 목숨을 구한 것은 스승님의 가피였구나. 내가 스승님께 오고 있다는 것을 처음부터 알고 계셨어. 스승님의 좋은 말씀과 예언을 들어보니 내가 괜찮은 법기인가 보다.'

이렇게 생각하면서 감뽀빠는 다소 아만심이 생겼다. 자만심이 조금씩 커져가면서 이제 구전 가르침을 받는데 어려움은 없겠다고 생각했다.

다음 날 아침 여인의 딸이 도착해 감뽀빠를 밀라래빠에게 안내했다. 쐬남 린첸의 흥분과 아만심은 점점 더 커졌다. 그가 학수고대하던 때가 온 것이었다. 적어도 그는 그렇게 생각하고 있었다.

그러나 요기들의 거처에 도착하자, 그를 맞이한 것은 밀라래빠의 가까운 제자 세벤래빠였다. 세벤래빠는 장작 한아름

과 차와 주전자를 들고 있었다. 그는 감뽀빠를 맞이하며

"위에서 온 스님, 저는 세벤래빠라고 합니다. 밀라래빠 존자님께서 스님을 맞이하라고 보냈습니다. 스승님께서 말씀하시길, 스님 마음속에 아상이 가득하다고 하셨습니다. 아만심이 생겼다고 했습니다. 오늘은 친견하지 못하겠지만 우선 저를 따라 오십시오."

세벤래빠는 놀란 감뽀빠를 근처 바위로 데려갔다. 그에게 나무와 차, 주전자를 건네며 말했다.

"존자님께서는 스님께서 아만심을 정화할 때까지 혼자 있으라고 말했습니다. 적어도 일주일 이상은 스님의 친견을 허락하지 않으실 겁니다. 이 나무와 차를 가지고 계십시오. 나머지 생필품은 제가 가져다 드리겠습니다."

세벤래빠는 덧붙였다.

"스승님께서는 스님이 오실 줄 아셨습니다. 스님께 구전 가르침을 주실 생각이십니다. 그러니 너무 실망하지 마시고 스승님께 기도를 올리십시오."

그래서 감뽀빠는 바위 동굴에서 보름을 보내며 아만심을 정화해야 했다. 보름이 지나자 감뽀빠는 희망도 두려움도 다 잊게 되었고, 더 이상 아무 것도 기대하지 않게 되었다. 그러자 자신을 처음 안내했던 여인이 찾아와 말했다.

"밀라래빠 존자님께서 당신을 부르십니다. 따라오십시오. 행운봉으로 모시겠습니다."

08 스승과의 만남

감뽀빠는 젊은 여인을 따라 행운봉 정상으로 향했다. 꼭대기에 오르자 감뽀빠는 자신의 스승인 밀라래빠를 처음으로 보았다.

밀라래빠는 커다란 평석平石 위에 앉아 있었고, 여든 살 정도 되어 보였다. 흰색과 검은색이 섞인 긴 머리는 어깨를 넘어 허리까지 내려갔다. 그는 얇은 흰색 무명옷 한 장만을 입고 있었는데 티벳의 산 기후를 참아내기에는 너무 얇은 두께였다. 그의 피부는 오랜 세월 밖에서 살아 거칠었지만 엄청난 기가 뿜어져 나오고 있었으며, 한없이 평화로워 보였고, 눈에서는 수년간 수행으로 얻은 광채가 빛나고 있었다. 감뽀빠는 마치 사자나 왕 앞에 있는 것 같았다.

우러나오는 존경심으로 감뽀빠는 스승에게 절을 올리고, 만다라 공양으로 가져온 30온스 정도의 금과 차를 올렸다. 밀라래빠는 말없이 앞을 뚫어져라 응시하다가, 만다라에서 금 한 움큼을 쥐고는 공중으로 던지며 말했다.

"이 금을 로닥의 마르빠께 바치나이다."

그러자 그의 주위에 광휘가 빛나며 상서로운 음악이 사방에 울려 퍼져 놀라운 광경을 만들었다. 밀라래빠는 해골 잔을 들어 감로수로 채운 다음 반을 마시고 감뽀빠에게 나머지 반이 든 잔을 주며 "마셔라"라고 말했다.

이때 감뽀빠는 주위에 사람들이 많다는 것을 의식했다. 그곳은 밀라래빠의 제자들로 둘러싸여 있었다. 감뽀빠는 출가 비구로서의 계율을 받은 까담파 스님이었음으로 원래는 술을 마실 수 없었다.

'나는 출가 비구이다. 여러 사람들이 보고 있는데 이것을 마시면 안 된다'고 생각하며 머뭇거렸다.

"너무 많은 생각을 하지 말고 그냥 마셔라." 밀라래빠가 말했다.

감뽀빠의 마음에 강한 신심이 일어나면서 모든 의심·망상이 사라졌다.

'스승님께서는 알고 계시는구나.' 감뽀빠는 생각했다. 그리

고 해골 잔에 있는 것을 한 방울도 남기지 않고 다 마셨다. 이는 감뽀빠가 구전 가르침을 받을 합당한 법기이며 밀라래빠의 전승을 하나도 빠짐없이 받게 될 것을 의미했다. 또한 감뽀빠가 수행을 통해 완전히 깨달아 법맥의 계승자가 될 것을 암시했다.

"이름이 무엇인가?" 밀라래빠가 물었다.

"쐬남 린첸이라고 합니다." 감뽀빠가 대답했다.

밀라래빠는 잠시 눈을 감고 말했다.

"쐬남 린첸·쐬남 린첸·쐬남 린첸. 그대는 무량한 공덕(쐬남)이 있어서 지금 여기에 왔노라. 그대는 모든 중생들에게 참으로 존귀(린첸)하도다."

이렇게 밀라래빠는 감뽀빠 이름의 뜻을 세 번 되뇌이며 속으로 생각했다. '이 아들의 이름을 듣는 자는 누구나 윤회계에서 해탈하리라. 하지만 지금은 이를 말하지 않는 것이 낫겠다.'

감뽀빠는 위에서부터 여기까지 온 여행에 대한 경위를 말씀드리고, 밀라래빠의 일생에 대해서 여쭈었다.

감뽀빠의 눈을 지그시 응시하면서 밀라래빠는 진지하게 말했다.

"우리의 인연은 매우 깊다. 비록 지금 여기서 만났지만, 아들아, 우리는 한 번도 헤어진 적이 없었느니라."

감뽀빠는 환희에 온 몸을 떨었다. 그는 늙은 거지가 여행길을 안내하고는 사라졌을 때, 세 명의 거지 모두가 스승의 화신이라는 것을 알았을 때 느꼈던 깊은 평안을 되새겼다. 밀라래빠의 눈빛은 감뽀빠의 모든 의심을 말끔히 없애주었다.

잠시 후 밀라래빠가 감뽀빠에게 말했다.

"그대가 나에 대한 신심이 강한 것은 좋은 일이다. 더구나 먼 곳에서 나를 보러 왔다." 그리고는 게송을 읊었다.

금과 이 늙은이는 친하지 않네.
더구나 나는 차를 끓일 주전자조차 없다네.

밀라래빠는 금과 차를 돌려주며 말했다.

"이 금과 차는 그대가 가지고 있도록 하라. 여기서 수행을 하려면 필요할 때가 있을 것이다. 내 일생에 대해서는 게송으로 불러주겠다. 시와외레빠·레충빠, 이리 오거라. 이 스님을 위해 노래를 하자꾸나!"

두 제자와 함께 밀라래빠는 다음의 노래를 불렀다.

법신의 하늘
의미 없는 수다로는 닿을 수 없는 그곳
한없이 솟아나는 자비의 구름이 모이는 그곳
모든 중생들의 수호자이자 귀의처이신
자비로운 마르빠 발아래 절하나이다.

나의 오른쪽에는 아들 레충빠
나의 왼쪽에는 시와외레빠가 앉았네.
둘 다 그대, 약사승藥師僧을 환영하는 게송을
함께 불러주도록 하자.

성스러운 땅 인도에
많은 스승들이 나셨지만
가장 저명한 두 스승이 계시니
나로빠와 마이뜨리빠라네.
이들은 세상의 해와 달과 같도다.
역경사 마르빠는 그들의 아들
부처님의 가르침을 통달했고
모든 만다라의 주인이시라
좋은 법기의 제자들을 불러모았네.
다키니들이 모두 칭송하는

이 성취자, 스승님에 대해 듣는 순간
마음 깊은 곳에서 그를 보고픈 열망이 솟았네.

혼신을 다해 스승님을 찾아다니다
그를 만나는 순간 지복에 싸였네.
그의 연꽃 발아래 절하며
바로 이 한 생에
불과로 인도한다는
심오한 가르침을 청했네.

나의 아버지이신 부처님이나 다름이 없는 스승님께서는
'나로빠의 자비로
나는 윤회계의 끈을
끊을 수 있을 만큼 날카로운
칼과 같은 가르침을 가지고 있노라' 하셨네.

신구의身口意를 모두 바쳐
그를 기쁘게 해드리려 노력했네.
나의 열망과 헌신을
타심통으로 보신 스승님께서는
'네 가지 구전의 가르침은
더 이상 완벽하지 않도다.

어떤 것은 넘치며 어떤 것은 부족하나니
제자에게 가르치는
골치 아픈 위험을 감수해도
그 이익이 적다네.
지금과 같은 말법末法 시대에
사람들은 여가가 없나니
그들의 삶은
공허한 활동들뿐이라.
아들아, 알음앓이 공부하느라 시간을 허비하지 말고
이 핵심적인 가르침을 수행하여라' 하셨네.

스승님의 한없는 은혜를 갚기 위해
그리고 죽음의 공포를 넘어서기 위해
나는 확고한 의지를 가지고 수행하여
모든 업장을 가피로 바꾸었다네.
삼독의 핵심을 보는 순간
나는 완벽한 (부처님의) 삼신三身을 깨달았네.
근기가 되는 제자들에게는
이 마음의 평안을 전하리니
이와 함께 가피까지
그대 약사승에게 전하리라.
가장 심오한 구전 가르침을…

이 가르침을 수행하면
그대는 불법을 널리 퍼뜨리게 될 것이다.
명심하라, 약사승이여.
곧 그대는 평안을 얻어 탐착을 하지 않으리라.
나의 일생을 짧게 노래하니
자세한 것은 또 다른 때를 기다리자꾸나.

나의 아들아, 성스러운 불법을
온 마음으로 수행하고 싶다면
이생의 행복만 바라지 말지라.
다음 생까지 생각하여라.
그대는 구전 전승 까규 법맥의
계승자가 되리니
말만 듣지 말고 그 의미를 증득하여라.
명심할지니라, 비구여.

그대가 내 일생을 요청하여
그 답으로 게송을 부르노라.

밀라래빠는 기쁜 마음으로 "이것이 나의 귀한 약사승에 대한 환영 인사"라고 말했다. 감뽀빠는 이 순간보다 행복하고 평화로우며 충만한 느낌을 기억할 수 없었다. 그는 오랜 여행 끝에 집에 돌아온 느낌이었다.

감뽀빠는 밀라래빠에 대한 애정과 헌신 그리고 감사함을 표현하기 위해 공양을 올리고 싶었다. 가까이에 래빠 한 명이 모닥불을 피워 놓은 것을 보았다. 감뽀빠는 잠시 자리를 뜨겠다고 아뢰고, 밀라래빠가 돌려준 차를 가지고 세벤래빠가 준 작은 주전자를 가지러 동굴에 갔다. 주전자를 들고 냇물로 내려가 물을 한가득 떴다.

모닥불을 피워 놓은 래빠는 감뽀빠의 주전자를 기꺼이 불 위에 올려주었다. 감뽀빠는 아주 맛있는 차를 끓여 시와외레빠·레충빠와 함께 앉아 있는 밀라래빠 앞에 차를 놓고 말했다.

"존귀한 스승님이시여, 부디 이 공양차를 받아주십시오. 감사와 존경의 표시입니다."

밀라래빠는 기쁘게 받아들였다. 밀라래빠는 감뽀빠와 시와외레빠·레충빠에게 차를 함께 들자고 말했다. 모두들 조용하고 정성스럽게 차의 향과 찻잔을 통해 전해지는 온기를 느끼며 차를 즐겼다.

차를 다 마시자, 감뽀빠는 새 차를 끓이려고 일어섰다. 밀라래빠는 그를 말리며 레충빠에게 말했다.

"이제 우리가 이 비구에게 차를 대접하자꾸나. 가서 래빠들에게 차를 조금씩 받아오너라." 레충빠는 래빠들에게 차를 조금씩 받아 한 주전자를 끓였다. 차를 가져 오자 밀라래빠는 가피를 내려 엄청 맛있는 차를 만들었다.

이렇게 밀라래빠는 요기 제자들과 함께 기쁜 마음으로 감뽀빠를 맞아들였다.

09 관정과 가르침

 다음날 아침 밀라래빠는 추와르에 있는 맨룽에 갈 일이 있었다. 스승과 한시라도 함께 있고 싶은 감뽀빠는 동행을 해도 되는지 여쭈었고, 밀라래빠는 기꺼이 함께 가도 좋다고 했다. 따뜻한 짬빠와 버터차를 마신 후 둘은 여행길에 올랐다.
 추와르에 도착해서는 밀라래빠가 예전에 수행하던 동굴을 둘러보았다. 감뽀빠는 거기서 밀라래빠에게 가피를 청하며, 스승과 제자의 연을 확고히 하기 위해 가르침을 달라고 청했다.
 "그대는 어떤 관정과 가르침을 이전에 받았었는가?" 밀라래빠가 물었다.
 감뽀빠는 구햐삼마자, 헤바즈라 탄트라의 네 가지 관정과 닥메마의 훌륭한 가피 관정과 루이빠의 수행법, 마르율에 사는 라마 로되로부터 육장엄의 바즈라바라히의 가피 관정 그리고 다른 여러 스승들로부터 받은 가르침과 관정을 아뢰었다. 또한 7일 동안 선정에 들 수 있다고 말했다.

밀라래빠는 웃으며 말했다.

"그랬더냐? 너는 일주일이나 선정에 들 수 있는데 정광명을 경험하지도 못하지 않느냐. 모래를 짜서 어찌 참기름을 얻겠느냐. 참깨를 짜야 참기름이 나오지. 나의 짧은 '아' 종자 자 뚬모 수행을 하여라. 그러면 마음의 본성을 보게 될 것이다. 아띠샤 존자께서는 진정한 탄트라를 티벳인들에게 가르치지 않았다."

감뽀빠가 말했다.

"하지만 까담파에도 많은 탄트라 가르침이 있습니다."

밀라래빠가 대답했다.

"그렇다. 그 가르침들도 탄트라이다. 하지만 핵심적인 구전 가르침은 빠져 있다. 비록 모든 수행체계에는 생기차제와 원만차제의 과정이 다 들어 있긴 하나, 그것은 모두 수심법修心法에 의한 삼매이니라. 도차제道次第에 의한 무아無我의 명상은 한계가 있다. 방편의 길을 수행하여라.

그대가 이전에 받은 가르침이 하등하다고 하는 것이 아니다. 그대가 받은 그 가르침들은 훌륭하며 심오한 가르침들이다. 내가 이 얘기를 하는 것은 스승과의 올바른 법연이 매우 중요하다는 것과, 스승이 속한 법맥의 가피를 받는 것이 절대적으로 중요하다는 것을 알려주기 위한 것이다."

밀라래빠는 감뽀빠를 가피해 주며 구전 전승의 시두라 바즈라요기니 수행 관정을 주었고, 진사辰砂로 그려진 본존의 만다라 안으로 입문 관정을 주었으며, 모든 구전 지침도 함께 주었다. 감뽀빠는 또한 뚬모 수행의 모든 구전 지침을 완전히 전수받았다. 그러고서 감뽀빠는 동굴로 가서 수행을 시작했다.

밀라래빠의 지침에 따라 수행을 하자, 짧은 기간 동안에 감뽀빠는 매우 심오하고 길상한 명상 체험들을 할 수 있었다. 감뽀빠는 밀라래빠의 가르침을 이전 스승들과의 가르침과 비교해 보기 시작했다. 어떤 부분은 서로 모순되는 것 같았다. 결국 혼란스럽고 의심이 생기기 시작해 명상을 계속할 수가 없었다. '이래 가지고는 아무런 진전이 없겠다. 스승님께 가서 혼란의 근원을 끊어버려야겠다'고 생각했다.

그날 오후 감뽀빠는 동굴을 떠나 밀라래빠를 만나러 갔다. 스승은 냇가에서 발우를 씻고 계셨다.

"수행이 어찌 되어가고 있느냐?"

"처음엔 매우 잘되는 것 같았습니다. 하지만 여러 질문들이 일어나기 시작했습니다. 구하삼마자 탄트라와 차뚜삐타를 비롯한 몇몇 경서들에서는 '삼세의 부처님께 산처럼 쌓은 보석으로 공양을 올리는 것보다 스승님의 머리카락 한 올에 대해 올리는 공양의 공덕이 더 크다'라고 했습니다. 복덕 자량을 쌓는 이보다 수승한 방편이 있습니까?"

"있다." 밀라래빠는 말했다.

"부디 가르쳐주십시오. 스승님" 감뽀빠가 말했다.

"스승이 내린 구전 가르침을 헛되이 흘려버리지 않고 수행하는 것이다." 밀라래빠가 대답했다.

감뽀빠는 잠시 생각에 잠겨 조용히 있다가 다시 물었다. "제가 예전에 게셰 뉴룸빠에게 불과를 한 생에 얻을 수 있느냐고 물었습니다. 그는 '그렇다. 하지만 그러려면 이생에 대한 미련이 하나도 없어야 한다'고 했습니다. 똑같은 질문을 게셰 얠룽빠에게 했더니 그는 '그것의 진정한 의미는 이렇다. 그 이야기는 비유적인 표현이다. 불과는 다음의 경우에 이룰 수 있다는 뜻이다. 불로장생하는 약을 먹어 해와 달처럼 살 수 있거나, 탄트라 수행을 시작한 지 일곱 번째 생에서 성불한다는 말이다. 혹은 실제로 본존을 직접 친견했거나 극락정토에 다녀올 수 있게 되었을 때에 한 생을 말하는 것이다'라고 했는데 어느 것이 진실입니까?"

밀라래빠가 대답했다.

"게세 뉵룸빠가 한 말은 비유적인 표현이 아니며 사실이다. 그리고 진정으로 이생에 대한 미련이 전혀 없어야 한다. 만약 선근 있는 상근기 제자가 참된 스승에게서 비밀진언승의 만다라에 입문하는 관정을 모두 받고, 생기차제와 원만차제 수행을 거쳐 구전 가르침을 계속해서 수행하면, 이 중에서도 최상근기 제자들은 이생에서 불과를 이룰 것이다. 중근기의 제자들은 죽기 직전 혹은 중음 상태에서 불과를 얻을 것이고, 엄청나게 게으른 하근기의 제자들조차도 일곱 혹은 열여섯 생 만에 성불할 것이다. 만약 성불을 하지 못한다면 그들은 사마야계를 파한 것이고 그 업으로 인해 삼악도에 떨어질 것이다.

약사승이여, 철학적인 알음알이를 하는 이들을 믿어선 안 된다. 이생에 매여 있는 이는 그대에게 세속팔법만을 가르칠 뿐이다.

공성을 잘못 이해하는 네 가지 유형이 있다. 관념으로 공성을 이해하는 것, 사유의 대상이 되는 것의 본성을 잘못 이해하는 것, 대치법으로 공성을 잘못 이해하는 것, 그리고 공성에 대한 집착을 공성으로 오해하는 것이다.

관념으로 공성을 이해한다는 것은 단순히 말만 '이원적인 집착 속에 있는 일상적인 이성理性으로 보는 대상은 모두 공空하다'라고 하는 것이다.

사유의 대상이 되는 것의 본성을 잘못 이해한다는 것은 머리로만 '모든 현상, 윤회계와 해탈은 하나이다'라고 말하는 것이다.

대치법으로 공성을 잘못 이해한다는 것은 '번뇌와 망상이 일어날 때 그것을 직접 바라보면 그것이 바로 공성이다'라고 말하는 것이다. 이것은 부정적인 생각이나 번뇌는 근본적으로 버려야 하는 것이라는 이원적인 입장인 것이고 공성이 그 대치법이라고 보는 견해이다.

그리고 공성에 대한 집착을 공성으로 오해한다는 것은 '명상할 것도 없고 모든 수행조차도 공하다'라고 하는 것이다. 이것은 공성을 깨달아야 하는 하나의 목표로 생각하는 것이며, 근根·도道·과果가 별개라고 생각하는 것이다. 따라서 도를 닦으면 공성이라는 목표를 깨달을 것이라는 태도이다.

이들은 모두 올바른 수행법이 아니다. 초심자에게는 이러한 생각들이 자성에 대한 집착이 느슨해지도록 도와줄 수는 있다. 하지만 마음의 본성을 참답게 깨닫지 못하면, 비록 일시적으로 지복감을 느끼고 청정심을 경험하고 망상이 없는 체험이 있을지라도 삼도를 벗어나진 못한다. 이러한 체험들은 일시적인 것들이며 윤회계를 벗어나게 하는 것은 아니다. 만약 그대가 '진정한 수행의 길은 무엇입니까?'라고 묻는다면 참다운 스승이 올바른 법기인 제자에게 관정과 가르침을 주는 것이다.

자성청정심은 모든 중생들에게 있다. 모든 부처님들은 청정한 법신 자체이다. 요기들은 다양한 방편을 이용해 수행을 하고 자연스럽게 올바른 견해를 가지게 된다. 번뇌도 자연스럽게 사라진다. 이원적인 사념들은 애쓰지 않아도 스스로 사라지고 반야지혜가 드러난다. 이때 수행자는 말로는 표현할 수 없는 깨달음과 체험을 하게 된다. 마치 귀머거리 벙어리의 꿈과 같은 것이다. 이 근본은 모든 중생들에게 있으나 모두 깨닫지 못하고 있다. 따라서 올바른 법맥의 스승을 따르는 것이 매우 중요하다.

자성청정심은 시작도 끝도 없다. 마음의 문은 막을 수 없다. 어떠한 비유로도 형용할 수 없다. 말로는 묘사할 수 없다. 철학적인 교리로도 표현되지 않는다. 그렇기 때문에 묘사해 보려고 해서는 안 된다. 집착을 버리고 자연스럽게 마음의 본성에 머물러야 한다."

그러고서 밀라래빠는 다음의 게송을 읊었다.

자신의 마음을 보는 것이 올바른 견해이다. 약사승이여.
이것이야말로 가장 수승한 견해.
그대 마음 밖에서 정견正見을 구하면
부자인 장님이 금을 찾기 위해 집을 나가는 것과 같은 것.

혼침과 도거의 '허물'을 제거하려 하지 말라. 약사승이여.
이것이야말로 가장 수승한 명상 수행.
'허물'을 벗어나려고 하면
밝은 대낮에 버터램프를 켜는 것과 같은 것.

가까이하는 것과 멀리하는 것을 멈추어라. 약사승이여.
이것이야말로 정말로 가장 수승한 불행佛行.
항상 받아들이는 것과 거부하는 것을 오가면
거미줄에 갇힌 벌과 같은 것.

올바른 견해에 확신을 가지고 안주하라. 약사승이여.
이것이야말로 가장 수승한 사마야.
이 율의를 지키지 않고 사마야를 다른 곳에서 찾으면
강물을 역류하려는 것과 같은 것.

깊은 정념正念을 마음속에 개발하라. 약사승이여.
이것이야말로 그 자체가 가장 수승한 수행의 열매.
다른 곳에서 깨달음의 과실을 찾는다면
하늘을 날려는 개구리와 같은 것.

마음속에서 스승을 찾아라. 약사승이여.
이것이야말로 가장 높은 스승.
다른 곳에서 스승을 찾는다면
자신의 마음을 버리려는 것과 같은 것.
요컨대 약사승이여,
모든 만물이 다름 아닌 마음이니라.

밀라래빠는 게송을 부른 후 빛나는 눈으로 감뽀빠를 바라보았다. 처음 만난 날처럼 감뽀빠는 스승의 장엄한 기운을 느끼며 밀라래빠가 말한 것이 청정한 마음의 본성을 깨달은 체험에서 부른 것이라는 확고한 신심이 생겼다. 그의 질문, 의심, 혼돈은 게송을 듣고 난 후 아침 이슬처럼 사라졌다.

'스승님의 말씀이 참으로 맞다'라고 감뽀빠는 생각했다.

그는 밀라래빠에게 감사하다는 말씀을 올리고 동굴에 돌아와 더 없는 정진력과 확신을 가지고 수행을 계속했다.

¹⁰ 뚬모 수행

뚬모 수행을 위한 무문관을 시작한 첫날, 감뽀빠는 동굴에서 벌거벗은 채로 명상을 했다. 비록 옷을 입지 않았고, 밤바람은 매서웠지만 따뜻함이 저절로 몸에서 일어나며 선정의 기쁨에 젖어 밤을 보냈다. 동이 트기 직전 감뽀빠는 잠이 들었는데, 몸은 꼿꼿이 정좌를 한 상태였다. 일주일을 이렇게 명상을 하는 동안 내부열과 지복감이 계속 일어나는 등 뚬모 수행의 성취가 어려움 없이 일어났다.

일주일이 되던 날 아침, 감뽀빠는 오방불五方佛이 현시하는 체험을 했다. 체험이 심오하여 밀라래빠에게 말씀드렸더니, "그것은 사람들이 눈을 누르면 달이 두 개로 보이는 것과 같은 것이다. 그대가 오대[地水火風空]의 풍기風氣(prana)들을 통어할 수 있게 되었다는 뜻일 뿐이다. 좋은 것도 나쁜 것도 아니니 계속 수행하라"고 말했다. 비록 밀라래빠가 특별한 체험은 아니라고 했으나 감뽀빠는 환희로웠고, 기쁜 마음으로 계속해서 3개월을 수행에 더 정진했다.

그러던 어느 날 오전, 명상 시간에 동이 트기 직전 삼천대천 세계가 바퀴처럼 빙글빙글 도는 것 같은 경험을 했다. 감뽀빠는 매우 어지러워 쓰러져서 몇 번이고 구토를 하고, 탈진하여 잠시 기절했다. 한참 의식 없이 누워 있다가 일어난 그는 스승 밀라래빠에게 말씀드리자, "이는 좌우기맥에서 중앙기맥으로 풍기들이 들어가기 시작하면서 일어나는 현상이니라. 좋은 것도 나쁜 것도 아니니 명상을 계속하라"고 했다.

어떤 날은 동굴 안이 관세음보살로 가득 차 있는 비전을 보았다. 각각의 관세음보살 정수리 위에 월륜좌가 있었다고 말씀드리자, "그것은 정수리 챠끄라에 명점明点(bindu)이 모여서 생기는 현상이다. 좋은 것도 나쁜 것도 아니니 명상을 계속하라"고 했다.

어느 날은 해질 무렵 금강무간지옥이 보였다. 이와 함께 심장 부근이 죄여서 죽을 것 같았다. 아주 강한 심장 풍기가 일어나 온 몸을 휘감았고 감뽀빠는 기분이 매우 우울해졌다.

스승께 여쭙자, "명상 띠를 너무 꽉 매었구나. 너무 짧아서 그대의 기맥을 막고 있어 상승 풍기의 움직임을 막고 있는 것이다. 좋은 것도 나쁜 것도 아니니 명상 띠를 조금 느슨히 해서 계속 명상하라"고 말했다. 또한 밀라래빠는 감뽀빠에게 기맥과 풍기, 명점을 가지고 행하는 요가 행법을 더 알려주었다. 이들 가르침을 받은 감뽀빠는 동굴로 돌아가 정진을 계속했다.

어느 날 감뽀빠는 환상적인 특별한 체험을 했다. 그는 천상계로부터 지옥에 이르는 육계의 모든 중생들을 뚜렷이 보았다. 모든 중생들은 천신들의 감로수를 마시고 있었으며, 감로수는 선도에서 악도로 흘러내리고 있었다. 하지만 자신의 어머니는 매우 허약한 상태로 이 감로를 받아 마실 수 없는 위치에 있었다. 그녀는 매우 야위어 병들고 허약해 보였고 허기와 갈증으로 죽을 것처럼 보였다.

그는 즉시 밀라래빠에게 이 경험을 말씀드렸다.

"감로의 비는 목 챠끄라 좌우기맥에 명점이 늘어났다는 것을 말한다. 앞서 어지럼증은 중앙기맥에 풍기가 들어가기 시작해 나타난 현상이었다. 어머니가 감로를 마실 수 없었던 것은 그대의 중앙기맥 개구開口가 아직 열리지 않았다는 뜻이다. 좋은 것도 나쁜 것도 아니니 희망도 두려움도 없이 계속 정진하여라." 이렇게 대답한 밀라래빠는 감뽀빠에게 다소 격하게 구르고 뛰는 동작이 있는 얀트라 요가를 알려주었다.

감뽀빠는 명상으로 돌아갔고 다시 한 달이 지났다. 그러던 어느 날 얀트라 요가의 힘에 의해 그의 몸이 마구 떨리며 주체할 수 없이 흔들렸다. 그는 울기 시작했고, 소리 지르고 싶은 욕구가 갑자기 일어났다. '이게 무슨 일인가? 혹시 마구니에게 빙의憑依를 당한 것인가?' 걱정하며 말씀드리자, "명점이 심장 챠끄라에 점점 쌓이고 있다. 좋은 것도 나쁜 것도 아니다. 얀트라 요가 동작들에 집중하고 절대 멈추지 말거라"고 했다.

그 뒤로 감뽀빠는 음식이 아주 조금만 필요하다는 것을 알게 되었다. 어느 날 그는 해와 달이 모두 일식과 월식 현상을 일으키는 것을 보았다. 감뽀빠가 밀라래빠에게 이 경험을 말씀드리자, "이것은 좌우기맥의 풍기들이 중앙기맥에 들어가고 있다는 것이다. 좋은 것도 나쁜 것도 아니니라. 약사승이여, 그대는 매우 용감한 수행자니라. 그대는 정말 커다란 독수리로다! 더욱 더 애써 정진하라!"고 했다. 밀라래빠는 지침을 주고 끝에 혼잣말로 "위대한 자가 있도다. 이때다, 이때다, 이때다!"라고 혼잣말을 한 후 침묵했다.

감뽀빠는 동굴로 돌아가 더욱 더 정진했다. 한 달이 지나자, 빨간색 헤바즈라의 완전한 만다라가 감뽀빠 앞에 현시했다. "스승님께서 지난번에 '이때다, 이때다'라고 한 것은 아마 나의 주 본존의 만다라가 나타나리라는 것을 예지하신 것인가 보다. 그래서 '위대한 이가 있다'고 했던 것이다. 이 비전은 본존 헤바즈라의 불사(佛事)임에 틀림없다."

그는 스승에게 이 비전의 의미를 물었다. 밀라래빠는 대답했다.

"어머니로부터 받은 붉은 명점이 아래에서부터 올라와 가슴 챠끄라에 안착했다는 것을 알려주는 것이다. 좋은 것도 나쁜 것도 아니니 계속 정진하여라."

감뽀빠는 계속하여 정진했다. 어느 날은 루이빠 전승의 탄트라에 나오는 해골 형태의 챠끄라삼바라의 만다라가 보였다. 이를 스승에게 묻자, "이는 단전 챠끄라가 명점으로 가득 차서 그런 것이다. 좋은 것도 나쁜 것도 아니니 수행하여라" 했다.

그리하여 감뽀빠는 열심히 정진했고, 이로부터 2주가 지난 어느 날 몸이 허공처럼 된 것 같은 느낌을 받았다. 그의 몸은 머리에서 발끝까지 사지가 모두 육계(六界)의 일체유정들로 가득 차 있었다. 대부분은 보통 우유를 먹고 있었고, 나머지는 별에서 짜낸 우유를 마시고 있었다. 그는 폭풍우 소리 같은 엄청나게 큰 굉음을 들었는데 도대체 이 소리가 어디서 나는 것인지 알 수 없었다. 새벽에 명상 띠를 조금 느슨히 하자 소리는 멈췄다.

스승에게 이 체험을 말하자, "이는 그대의 업풍기業風氣(karma prana)가 명점을 그대 몸 안에 있는 7만 2천 개의 기맥들로 보냈기 때문에 나타난 현상이다. 이제 이 업풍기를 지혜풍기로 바꿀 때가 되었다"고 말하며, 감뽀빠에게 지금강불의 경지를 깨닫는 최상승 뚬모 수행의 핵심 가르침을 주고 명상 동굴로 돌려보냈다.

감뽀빠는 계속 명상했다. 그러던 어느 날 궁탕 계곡이 전부 연기로 가득 찬 것 같았다. 오후가 되자 아주 깜깜해졌다. 그는 길을 찾을 수 없어 장님처럼 기어서 겨우 스승의 처소에 도착했다. 밀라래빠가 말했다.

"걱정할 것 없다. 마음을 편안히 해라. 내 옆에 앉아서 명상을 하여라." 그리고 밀라래빠는 상체에 기 순환이 막히는 것을 제거하는 방법을 가르쳐주었다. 그의 가르침에 따라 수행하자 어둠이 걷혔다.

어느 날 저녁 감뽀빠는 자신의 몸이 뼈와 기맥들로만 만들어진 형상으로 보였다. 스승에게 물었다.

"너무 애를 쓰고 있구나. 쁘라나야마(pranayama)를 너무 강하게 하고 있는 것이다. 조금 부드럽게 하여라."

 그렇게 다시 밀라래빠 스승의 너무나도 소중한 구전 가르침에 의지하여 감뽀빠는 수행을 계속했다. 이제 그의 체험과 수행은 매우 성숙해지고 있었다. 기맥은 온 몸에 막힘 없이 흘렀고 딱딱한 바위 위에 앉아서 명상하는 데도 아주 편안하고 애쓸 필요가 없었다. 이런 상태로 감뽀빠는 굳은 결의를 가지고 계속 정진했다.

11 감뽀빠의 위대한 꿈

 그날 저녁 감뽀빠는 자신의 본존 수행을 하고 있었다. 자정에는 구루요가를 하며 밀라래빠에게 기도와 간청을 올렸다. 동이 트기 직전 생명풍기에 집중하는 요가 수행을 하고, 동이 막 터올 무렵 그는 잠시 잠에 들었다. 자는 동안 매우 선명하게 스물네 가지 상징이 있는 꿈을 꾸었는데 그 상징들은 그의 평소 생각들과는 거리가 먼 것들이었다. 잠에서 깬 감뽀빠는 '이 징조들이 길조일까, 흉조일까?' 계속 의문을 떨칠 수 없게 되자, '스승님께 여쭈어보면 되겠구나. 스승님은 부처님이시다! 그는 전지全知하시다! 스승님은 분명히 답을 알고 계실 것이다'라고 생각했다.

 이 생각을 마음에 품고 명상좌에서 일어나 밀라래빠를 뵈러 갔다. 감뽀빠가 밀라래빠의 처소에 이르렀을 때, 밀라래빠는 추와르 강둑에 있는 바위 위에서 주무시고 계셨다. 그는 무명옷으로 얼굴을 조금 가리고 나머지는 둘둘 말아 베개 삼아 누워 있었다.

감뽀빠는 절을 올리고 나서 만다라 공양을 올린 후, "스승님, 스승님, 중요하게 드릴 말씀이 있습니다! 부디 일어나시옵소서. 오늘 아침 마음을 산란하게 하는 사념들이 일어났습니다"라고 말했다. 밀라래빠는 팔·다리를 쓰다듬으며 물었다.

"그래, 말해보아라. 그렇게 흥분하는 중요한 이야기가 무엇이냐?"

감뽀빠는 대답했다.

"오, 존귀하신 스승님이시여! 이른 아침 꿈에 굉장한 징조들이 나타났습니다. 좋은 것인지 나쁜 것인지 알 수 없어 해몽을 부탁드리려고 합니다." 이어서 감뽀빠는 다음의 게송을 읊었다.

무명옷을 입은 훌륭하신 스승님
엄청난 정진력으로 수행하시는 분
왕관의 보석처럼, 마치 여의주처럼

저명하신 밀라, 일체유정들로부터 존경을 받는 이
스승님의 아름다운 이름이 시방에 편재하소서.

스승님의 이름을 처음 들었을 때
환희와 감동에 넘쳤습니다.
저는 동쪽의 묘성昴星을 따라 여행하며
어려움을 아랑곳하지 않고 견디어
성심으로 스승님을 찾았습니다.

마치 항상 우는 상제보살常啼菩薩의 이야기처럼
긴 여정의 시련 속에서도
저는 마음 깊은 곳에서부터
'오, 언제쯤 제쮠, 스승님을 뵐 수 있을까?' 생각했습니다.
이곳에 도착하기 하루 반나절 전
저의 몸과 기는 허약해져 거의 죽을 뻔하여
길가에 버려진 돌멩이처럼 누워 있었습니다.

하지만 저의 헌신과 의지는
향기의 성(香城, Gandhavati) 동쪽에 있는 다롯가따(Dharodgata)에서
스승을 만난 상제보살과 같아
여정을 마치고

행운봉이라고 불리는 훌륭한 곳에서
스승이신 저의 아버지를 만날 수 있었습니다.

스승님을 처음 뵈었을 때, 온 몸에 소름이 돋고
털이 환희에 올올이 곤두섰습니다.
어떤 말로도 환희를 표현할 수 없었고
스승님을 만나려 했던 저의 마지막 소원이 이루어졌습니다.
저는 윤회계에 대해 염리심을 느끼고
끝없는 생사의 반복을 두려워하여
세속의 법을 버리고 오로지
혼신을 다해 수행하고 명상하려는 마음을 냈습니다.

저를 받아주신 스승님께서는
저를 자비로 맞아주셨습니다!
저는 스승님의 대자비를 잊지 않고
마음 깊이 새겼습니다.
부디 스승님이시여, 저를 기억하시고
대자비로 저를 섭수하여 주시옵소서.

스승님, 이제 당신 제자가
이 아침에 드릴 말씀이 있습니다.

어제 해질 무렵 저는 본존의 진언을 염송하고
자정에는 스승님께 기도를 올렸습니다.
그리고 생명풍기에 대해 명상하고
새벽이 되어 잠시 잠에 들었습니다.
저의 평소 생각의 습기(習氣)와는 다른
훌륭한 꿈을 꾸었습니다.

저는 여름에 쓰는 희고 뾰족한 모자를 썼는데
가장자리는 여러 색의 비단장식 술이 달려 있었고
술의 끝은 주황색 털로 장식되었으며
끝에는 독수리의 깃털로 장식이 되어 있었습니다.

저는 잘 재단된 청록색의 새 장화를 신었는데
네 개의 고리와 놋쇠로 된 징이 박혀 있었고
은고리에 두 개의 가죽 끈이 매져 있었습니다.

제가 입은 하얀색 치마는
진주와 금으로 된 실로 수놓아졌고
주황색 반점으로 아름답게 꾸며져 있었습니다.

제가 맨 허리띠는
몬에서 온 헝겊으로 만들어졌고

여러 색의 꽃으로 장식되었으며
진주 수술과 화환으로 둘러져 있었습니다.

저는 목에
흰색으로 된 아이의 모전毛氈을 둘렀는데
은색 쟈스민 무늬 장식이 달렸습니다.

오른손에는 향나무로 된 긴 막대기를 들었는데
금색으로 된 격자무늬 손잡이에
일곱 가지 귀한 보석이 박혀 있었으며
왼손에는 금강 해골 잔을 들었는데
금색 감로수로 가득 차 있었으며
저는 '이 잔을
내 잔으로 사용하고 싶구나'라고 느꼈습니다.

여러 색으로 만들어진 짬빠 주머니가
한가득 흰쌀로 채워졌으며
'나는 이것을
법의 양식으로 삼고 싶구나'라고 생각했습니다.

저는 검은색 사슴의 가죽 옷을 입었는데
머리와 네 발이 모두 그대로 보존되어 있었으며

'나는 이것을
명상 방석으로 사용하고 싶구나'라고 생각하며
저의 왼쪽 어깨 위에 둘렀습니다.

오른쪽을 보자
아름다운 금빛 초원이 펼쳐졌는데
많은 양과 약[2]들이 풀을 뜯고 있었고
저는 '이들을 양치기처럼 돌보고 싶구나'하는
강한 마음이 일어났습니다.

왼쪽을 보자
청록색 풀로 뒤덮인 아름다운 초원에는
여러 꽃들이 가득했으며
여러 여인들이 저에게 고개 숙여 인사했습니다.

초원의 가운데에는
노란색 꽃으로 이루어진 끝없는 정원이 펼쳐졌는데
거대한 연꽃 하나가 자라고 있었으며
저는 그 연꽃 위에 보살의 자세로 앉았습니다.
또한 제 앞에는 분수가 있고
제 뒤에는 찬란하게 빛나는 흰색 영광靈光이 빛났으며

---

2 야크로 통되나 티벳어 표기법에 따라 이 책에서는 약으로 쓴다. 옮긴이 주.

제 몸은 불꽃을 내뿜으며
가슴에서는 해와 달이 빛을 방사했습니다.

이것이 제가 꾼 놀랄 만한 꿈이며
이것이 길조인지 흉조인지 알 수 없었습니다.
오, 최고의 수행자이시며 삼세를 아시는 스승님이시여,
부디 이 꿈을 해몽해 주시오소서.

감뽀빠는 이렇게 기도를 올리며 자신의 놀라운 꿈을 해몽해주기를 간청했다.
이에 대한 화답으로 밀라래빠는 말했다.
"오, 나의 아들 약사 승려야, 걱정 하지 말고 마음을 편안히 하여라. 산란심이 그대의 아상我相에 붙잡히도록 두지 말거라. 의심의 매듭이 스스로 풀어지도록 두어라. 분별심이라는 끈의 가장 얇은 부분을 찾아 끊어라. 습기로 일어나는 생각의 먼지가 가장 적은 곳을 쓸어내어라. 너무 많은 생각을 하여 마음을 휘젓지 말거라. 그대의 마음을 자연스러운 상태로 애쓰지 말고 쉬어라.
나는 환신의 요가를 성취한 수행자. 모든 꿈의 본질을 깨달았고, 꿈에 대한 모든 지혜를 터득했으니 꿈은 당연히 해

몽할 수 있다. 또한 꿈을 바꿀 수도 있다. 오늘 그대의 늙은
아비가, 그대 꿈의 징조들의 참뜻을 알려주리라. 주의를 기
울이거라. 마음을 모아 나의 노래를 들으려무나."

그리고 깜뽀빠에게 다음의 게송을 들려주었다.

약사 승려여, 이것이 내 대답이니
내가 하는 말에 귀를 기울이거라.

아들아, 그대는 상까르 전승에 따라
챠끄라삼바라를 배웠고
위 북부 지역의 까담파 전승에 따라 수행했다.
그대는 끊임없이 흐르는 강처럼 좋은 청정행을 지녔고
삼매를 성취하여 체득했다.
나는 언제나 그대가 훌륭하고 뛰어나다고 생각했노라.
이제 그대가 '이 모든 징조들이 훌륭하다'고 생각하고
꿈에 사로잡혀
그것들이 특별하다고 생각하는구나.

아들아, 그대는 아직 수행을 덜 했거나 거짓말하는 것이냐?
현교와 밀교 그리고 논서들을 공부하지 않았더냐?
반야바라밀경에 보면

부처님께서 꿈은 실재가 아니며
마음을 미혹되게 하는 것이라고 했느니라.
꿈은 텅 빈 것이며 헛된 것이고 자성이 없다고 하셨다.
꿈을 기억하고 기록하고 공부해도 얻는 것이 적단다.
그래서 부처님께서는 여덟 가지 비유 중에 꿈을 들어
자성이 없는 현실을 일깨웠던 것이니라.
이러한 가르침을 마음에 새기지 못했느냐?
이러한 권고가 떠오르지 않았느냐?

하지만 이번만큼은
그대의 꿈이 참으로 훌륭한 징조들을 보여
앞으로 있을 놀라운 미래를 예언하고 있구나!
나는 꿈의 본질을 성취한 수행자
꿈의 훌륭한 의미를 알려주리라.
흰 긴 모자는
꼭지가 매우 높았는데
그것은 우리 전승의 견해가 대승과 소승을 넘어선다는 것을
말한다.

술에 달린 비단 장식은
지혜와 방편의 합일이라는
심오한 불법의 핵심을 증득하게 될 것임을 말한다.

적색과 흑색의 여우털 장식은
그대가 여러 전승의
많은 가르침을 해석하겠지만
한데 뒤섞지 않고 잘 구분할 줄 알게 된다는 것이다.

꼭대기에 앉은 독수리는
마치 독수리가 가장 높은 하늘을 날듯이
그대 또한 마하무드라의 깨달음으로
가장 높은 지견을 가지고 날아
독수리의 매서운 눈처럼
생사 너머 있는 청정한 본성을 볼 것이라는 뜻이다.

깨끗한 몽골 장화는
그대의 사마야계가 청정하여 파계한 일이 없다는 뜻이며
삼승을 수행하는데
모두에게 본보기가 될 것을 의미한다.

한 짝의 장화는
그대가 복덕과 지혜의 두 자량을 쌓았다는 뜻이며
네 가지 놋쇠의 징과 파란 색깔은

그대가 이번 생에서 부처님의 사신四身³을
증득할 것이라는 의미이다.

빛나는 은빛 고리는
그릇된 수행으로부터 자유롭다는 뜻.
부주의하거나 자기중심적으로 행동하지 않고
고귀한 왕자처럼
그대의 행위들은 고상하고 겸손하며 배려가 깊어
모든 불자의 본보기가 될 것이다.

흰색 비단 치마는
그릇됨이나 잘못으로부터 물들지 않고
옷깃의 금실은
그대의 변치 않는 중생에 대한 자비심을 말한다.
빨간 점의 무늬는
그대가 중생들을 자비와 방편으로 이끌 것을 의미한다.

몬에서 온 헝겊으로 된
그대의 허리를 세 번 감은 띠는
그대가 청정하게

---

3 부처님의 몸은 두 가지, 세 가지, 네 가지 혹은 열 가지로 분류하기도 한다. 티벳 불교에서는 보통 응신(Nirmanakaya)・보신(Sambhogakaya)・법신(Dharmakaya)・자성신(Svabhavikakaya)의 사신四身 말한다.

삼승의 모든 계율을 지켜
삼선, 삼악도를 모두 초월할 것이라는 뜻이다.

흰꽃과 비단, 진주로 된 술은
그대가 계정혜戒定慧 삼학을 완전히 통달하여
장엄되고 청정한 그대를 보고 환희로워하는 제자들에게
이 가르침과 본보기를 전파한다는 뜻이다.

흰색으로 된 아이의 모전은
그대가 무엇을 하든
그대의 마음이
청정한 법신불과 하나임을 나타내느니라.

모전이 잘라지지 않고 박음질이 없는 것은
그대의 법체에 대한 깨달음이
미혹과 망념 없이 청정하고 자연스러우며 자유롭다는 뜻.

그대의 망토를 잠그고 있는 은걸쇠는
그대의 법신불에 대한 깨달음이
변치 않는 진리에 대한 깨달음이며
석가모니 부처님의 깨달음과 같음을 나타내느니라.

그대의 오른 손에 쥔 향나무 지팡이는
그대가 진실하고 완전한 스승을 만났다는 것이며
일곱 가지 귀한 보석은
그대의 스승이 장엄하고 있는 자량과 공덕이란다.
금색으로 장식된 격자무늬의 손잡이는
구전 법맥의 가르침을 받았다는 뜻이며
그 핵심 교의를 스승처럼 깨달으리란 것을 나타낸단다.
그 선들이 서로 얽혀 있는 것은
미래에 그대가 우리 법맥을
수많은 법손들에게 전수한다는 것을 뜻하고
그대의 손에 들고 있는 것은
대지복 안에서 열심히 정진하여
불국토에 이를 것이며
그대의 법손들도 그러하리라는 것을 의미하노라.

그대가 쥐고 있던 금강 해골 잔은
제법의 공성을 상징하며
그대가 이 공성을 완전히 깨달으리라는 것을 상징한다.
금빛 감로수로 가득 차 있는 것은
그대가 깨달음을 계속해서 증장시킬 것을 나타내느니라.
금빛 감로수는

모든 형상이 자성 없음을 나타내며
그대가 이 투명성을 깨달아
항시 정광명에 머물러
주위를 언제나 밝게 비추리라는 것을 의미한다.
이 해골 잔을 자신의 잔으로 사용하고자 하는 마음은
그대에게 세 가지 환희가 일어나
삼신三身을 성취한다는 뜻이니라.
해골 잔을 손에 들고 있는 것은
이러한 체험이 그대를 떠나지 않고
완전히 증득되리라는 것을 의미하느니라.

여러 색으로 된 주머니는
그대의 수많은 경험을 불법에 더한다는 것을 의미하고
두 개의 가방을 어깨에 둘러 맨 것은
그대가 지혜와 복덕의 자량을 가지고
대승의 길을 갈 것임을 보여주는 것이니라.
주머니 안의 흰쌀과
그 쌀을 수행의 자량으로 쓰겠다는 생각은
그대가 장수하고 풍족하며
명상의 음식으로 양육될 것을 나타내느니라.

그대의 어깨에 걸쳐진 검은 사슴의 가죽 옷은

그대의 흔들림 없는 마음챙김을 나타내며
머리와 네 발이 모두 보존되어 있는 것은
그대의 보리심이 완전하고
사무량심四無量心을 성취하여
육계六界의 모든 고통과 괴로움을 치유하리란 의미이니라.
이 가죽을 명상좌로 사용하겠다는 생각은
이미 그대가 지혜와 자비의 합일로
깨달음을 경험하고
그대의 후손 역시 그러하리란 것을 나타낸단다.

그대가 보았던
오른편의 아름다운 금빛 초원은
그대의 내외부 공덕이 증장했다는 것을 의미하고
그곳에서 방목하던 양과 어린 약들은
그대가 사섭법四攝法의 수행을 통해
무량한 중생들을 이롭게 하고
소원을 이루어준다는 의미이니라.
그들을 양치기처럼 돌보고 싶다는 마음은
보호주 없이 고통 받고 있는 이들을
자비로 섭수하여 보호하리라는 것을 나타내느니라.

그대의 왼편에 있던
풀로 덮인 같은 높이의 청록색 초원은
그대의 삼매가 흔들림 없고 청정하여
지혜와 지복의 맛을 보리란 것을 의미한다.
여러 색의 꽃들이 핀 것은
그대의 여러 명상의 체험을 나타내며
여러 보살지의 성취 체험들이
그대에게 차례로 나타나리라는 것을 상징한다.
여러 매력적인 여인들이 그대에게 절을 한 것은
청정하게 사마야계를 파하지 않아
그대의 기맥과 명점에 있는
모든 다키니들을 불러모아 조복을 받는다는 상징이란다.

초원 한가운데 핀 사랑스러운 황색 꽃은
그대의 깨달음, 강한 삼매
그리고 청정한 계행으로
애쓰지 않고 많은 제자들을
하늘의 구름처럼 둔다는 것을 나타낸단다.

화려한 천 개의 황금 잎으로 장엄된 연꽃좌는
그대의 높은 지혜로
윤회계를 벗어나

마치 연꽃이 진흙에서 피듯
삼계를 벗어나리란 뜻이니라.

보살의 자세로 앉은 것은
미래에 그대의 대자비로 인해
열반에 머무르지 않고
어린 보살처럼
무량한 정토에 나투어
과거에 어머니였을
육계의 중생들을 도울 것임을 나타낸단다.
그대 앞에서 분출하던 분수는
불법이 그대로부터 흘러내릴 것이며
불법을 널리 알릴 것을 의미하노라.

그대 뒤에 빛나던 흰색 영광은
태양이 빛과 따스함을 주듯
그대의 공덕과 가르침이
티벳 땅을 정화할 것임을 의미한단다.

그대의 몸에서 타오르던 불은
그대가 뚬모의 지복감 넘치는 지혜의 불로

망념의 얼음을 녹인다는 뜻이니라.

그대의 가슴에서 빛나는 해와 달은
그대가 오고 감을 넘어선
정광명에 항상 머무르리란 뜻이란다.

아들아, 이 꿈은 매우 좋으며 흉조가 아니란다.
꿈을 올바르게 해몽하여
예언하는 것은 선한 일이니라.
하지만 대체로
꿈에 집착하는 것은 해로운 것이란다.
어떠한 경험을 하더라도
꿈에서든 깨어서든, 좋든 나쁘든
만약 그것을 실제라고 믿으면 장애가 된단다.
하지만 그것을 환영이라고 알면
수행으로 활용할 수 있느니라.

꿈의 의미와 본질을 정확히 모른다면
정확히 해몽했는지 어찌 알겠느냐?
흉조가 선몽善夢처럼 보일 수 있고
오직 성취자만이 그 길흉의 의미를 안단다.
하지만 꿈 수행을 성취하면

악몽처럼 보여도 길상하고 선한 것임을 볼 수 있느니라.
꿈은 대체로 좋지도 나쁘지도 않단다.
그러니 선한 가족의 아들아,
길상한 꿈에 집착하지 말거라.
악몽을 심각하게 여기지 말거라.
선한 비구야, 이 말을 명심하여라.

이렇게 밀라래빠는 스물네 가지 길상한 징조가 나타난 감뽀빠의 위대한 꿈을 해몽하며 그의 앞날을 예언했다.

[12] 중음에 대한 가르침

즐거운 마음으로 밀라래빠는 열심히 듣고 있는 감뽀빠에게 말했다.

"나의 아들 약사 승려야, 이것은 보통 꿈이 아니었느니라. 이는 상서로운 미래를 예언하는 꿈이었단다. 모든 꿈의 징조들이 그대가 완전히 불법을 성취하리라는 것을 예언하는구나. 그대의 늙은 아비가 확신을 가지고 지혜로 보아 꿈의 세세한 부분까지 모두 해몽해 주었다. 때가 오면 모두 현실이 될 것이며, 나를 향한 최고의 신심이 일어날 것이다. 지금의 신심을 훨씬 초월하는 마음이 일어날 것이다. 그때가 되면 마음의 본성을 깨닫게 될 것이다. 그때 그대는 생사를 넘어서게 될 것이다.

하지만 아들아, 내가 다시 한 번 권고하노라. 만약 그대가 계속 정진하는 수행자가 되겠다고 한다면 꿈에 집착해서는 안 된다. 만약 그리하면 결국에는 네 가지 마구니에 사로잡힐 뿐이다. 꿈이 좋은 것 같다고 기대를 갖지 말거라. 희망과 기대가 많으면 좋은 것도 나쁜 것이 되기도 한다. 꿈이 나쁜 것 같으면 너무 심각하게 받아들이지 말거라. 그 꿈은 환상이며 실재하는 것이 아니라고 보아라. 그러면 비록 꿈이 안 좋더라도 실재라고 믿지 않기 때문에, 수행이 더 발전하고 깨달을 수 있게 우리를 일깨워주는 경책이 된다. 이것이 수행자의 자세이니라.

이 스승의 가르침을 따르지 않고, 다른 이들의 권고를 따르지 않으며 자기기만에 집착한다면, 결국 정신만 미혹해질 것이다. 더군다나 나의 아들아, 이생이 생사라는 중음 상태의 일부라는 것을 기억하여라. 우리의 모든 경험이 실재하지 않으며 환상과 꿈 같은 것이다. 낮 동안 우리가 만들어내는 생각들이 마음속에 습기가 되는 종자들을 만들어 잠을 잘 때 환각을 일으키는 것이다. 이것이 꿈에서 일어나는 기만과 마술 같은 꿈의 중음 상태라는 것이다.

이러한 생각의 습기가 점점 깊어지면, 선업과 악업으로 이어지고 윤회계의 중음을 만들게 되어, 행복과 불행을 끊임없이 경험하게 만드는 것이다. 이러한 습기의 종자를 정화하고 윤회계를 끝내기 위해서는 몽중夢中요가와 환신幻身의 요가를 수행해야 한다. 이 수행법들을 완전히 체득하면 그대는 중음 상태에서의 보신報身을 증득하게 될 것이다. 아들아, 완전한 성취를 이룰 때까지 정진하여라."

감뽀빠는 대답했다.

"스승님의 가르침은 명료하고 훌륭하십니다. 스승님께서 말씀하신 대로 실천하겠습니다. 중음에 대한 실질적이고 간략한 가르침을 다시 한 번 주십시오. 제가 수행의 길에서 방향을 잃지 않도록 가르침을 청하나이다. 스승님께서 가르쳐 주신 대로 일상생활에서도 밤낮으로 기억하여 실천하겠습니다."

밀라래빠는 화답으로 다음의 게송을 불러주었다.

모든 스승님들께 절하나이다.
특별히 자비롭게
나에게 많은 것을 베풀어주셨던 분께 귀의하나이다.
아들아, 그대가 간청한 대로
중음에 대한 가르침을 일러주리라.

윤회계의 일체유정들과
열반에 든 삼세제불의
본성은 같은 것이다.
아들아! 이것이 바른 견해의 중음이니라.

일체유정의 적백색의 명점과
형용할 수 없는 마음의 본질은
분리할 수 없으며 분별 너머의 상태에서는 하나이니라.
아들아! 이것이 명상의 중음이니라.

무수히 많은 환각의 현상들과
태어나지 않는 마음은
둘이 아니며 함께 일어나는 것이니
아들아! 이것이 행위의 중음이니라.

어젯밤에 꾸었던 꿈과
그 꿈의 비실재성에 대한 깨달음은
제법의 관점에서 보면 둘이 아니니
아들아! 이것이 꿈의 중음이니라.

청정치 못한 오온과

청정한 오방불五方佛은
분별없는 원만차제의 수행에서는 하나이니
생기차제와 원만차제의 중음,
아들아! 이것이 도道의 중음이니라.

방편을 닦는 부父 탄트라와
지혜로부터 일어난 모母 탄트라는
세 번째인 지혜 관정에서는 하나이니
아들아! 이것이 정수精髓의 중음이니라.

자신을 이롭게 하는 불변의 법신불과
중생을 이롭게 하는 막힘없는 응신불은
원초적인 상태에서는 하나이니
아들아! 이것이 삼신三身의 중음이니라.

자궁에서 태어난 불순한 환신과
청정한 보신불의 형태로 태어남은
청정한 중음의 영역에서는 하나이니
아들아! 이것이 대성취의 중음이니라.

이렇게 밀라래빠는 중음의 가르침을 주었다.

[13] 꿈, 가르침 그리고 관정

감뽀빠에게 중음에 대한 게송을 불러 준 후, 밀라래빠는 가까운 제자들을 불러모았다. 밀라래빠는 감뽀빠와 레충빠 그리고 시와외레빠에게 말했다.

"오늘 밤 꿈에 주의를 기울이거라. 반드시 기억해서 내일 아침 보고해라. 내가 해몽해 주리라."

다음 날 아침 시와외레빠가 첫 번째로 밀라래빠에게 말했다.

"스승님! 어젯밤 저는 매우 훌륭한 꿈을 꾸었습니다. 동쪽에서 따뜻한 해가 비추더니 저의 가슴속으로 들어왔습니다."

레충빠가 와서 스승에게 말했다.

"스승님, 저 또한 좋은 꿈을 꾸었습니다. 어제 큰 세 개의 계곡에서 크게 소리치는 꿈을 꾸었습니다."

이들이 아뢰는 얘기를 듣고 있다가 감뽀빠가 머뭇거리며 일어나 갑자기 눈물을 흘리며 말했다.

"저는 엄청나게 나쁜 꿈을 꾸었습니다."

밀라래빠는 말했다.

"우리는 좋은 꿈인지 나쁜 꿈인지 알 수 없지 않느냐. 미리 결론을 내지 말고 어떤 꿈이었는지 말해 보거라."

"그러니까… 저는 꿈에서 수도 없이 많은 사람들을 죽이는 꿈을 꾸었습니다. 그들의 숨을 제가 끊었습니다. 저는 참으로 죄업이 많은 사람인가 봅니다. 저는 정말 엄청나게 나쁜 악업이 있는 것 같습니다."

감뽀빠는 눈물을 닦으며 말하고 다시 울음을 터뜨렸다.

밀라래빠는 미소를 지으며 말했다.

"아들아, 그렇게 슬퍼하지 말거라. 손을 이리 다오." 이렇게 말하며 감뽀빠의 손을 잡았다.

"아들아, 그대는 발원했던 것을 결국 성취할 것이다! 많은 중생들이 윤회계에서 벗어나기 위해 그대에게 의지할 것이다. 그들은 결코 실망할 일이 없으리라. 그들의 염원이 이루어지리라! 나에게 아들이 생겼도다! 이제 이 늙은 아비도 불법 선양에 한 몫을 하게 되었구나!"

모두에게 돌아앉으며 밀라래빠는 말했다.

"시와외레빠야, 그대의 꿈은 괜찮은 꿈이다. 불사佛事에 대한 그대의 발원이 크지 않아서, 그대는 많은 중생들을 이롭게 하지는 않을 것이다. 그렇지만 그대는 사후 아미타 부처님의 서방정토에 태어날 것이다.

레충빠야, 그대는 마구니에 사로잡혀 나의 권고를 세 번 어겼기 때문에 세 번을 더 윤회할 것이다. 세 개의 다른 계곡에 태어날 것이며 불교 학자로서의 명성이 널리 알려질 것이다."

감뽀빠는 자신의 처소로 돌아가 다시 한 달 간 열심히 정진했다. 한 달이 다 되어갈 무렵 약사칠불藥師七佛의 현신現身을 보았다. 이즈음 감뽀빠는 이미 상당한 수행을 성취하여 하루에 숨을 한 번만 쉬었다. 약사칠불의 현시顯示를 보다가 내부 풍기에 대한 수행을 멈추고 날숨을 내쉬니 약사부처님들의 모습이 사라졌다.

어느 날 오후에 수행 중 숨을 멈추고 있으니 무량한 보신불의 부처님 정토가 보였다. 그는 지복과 환희를 느끼며 광경을 바라보다가 장엄한 광경에 빠져 숨을 내쉬어 버렸다. 일어나 보니 어느 새 저녁이 되어 있었다. 이 체험을 스승에게 이야기할까 했으나 수행에 방해될까 싶어 그날은 가지 않았다. 대신 명상의 장애를 만들었을까 우려 되어, 복덕을 쌓기 위해 만다라 공양을 올리고 열심히 정화 수행과 참회 기도를 했다.

새벽이 되어 그는 명상 중에 다시 숨을 멈추었다. 이번에는 석가모니 부처님 주위에 현겁의 천불千佛이 모두 둘러싸고 있는 장면을 보았다. 밀라래빠에게 가서 예경을 올리고 그간의 체험을 말씀드리자 스승은 말했다.

"그대가 본 것을 말할 필요 없다. 나는 이미 그대가 무엇을 봤는지 알고 있느니라. 이제 그대는 본존의 응신불과 보신불 모습을 다 보았다. 아직 법신불의 모습은 보지 못했지만 곧 보게 될 것이다.

나의 아들아, 비록 네가 내 곁에서 계속 있고 싶어 하는 것은 알지만, 그대가 이전 생에 세웠던 서원 때문에 이제 중앙 티벳 지역으로 가야 할 때가 되었다. 그곳으로 가서 명상하여라. 내가 가피해 주리라.

나는 그대가 명상을 하면서 맞닥뜨릴 위험과 장애를 여태껏 모두 제거해 주었다. 그럼에도 불구하고 그대는 곧 위험한 성취의 길에 들어서게 될 것이다. 이 수준의 성취에 이르면 장애가 무수히 많아지고, 이 수준의 성취를 얻으면 반드시 마라의 아들이 그대를 찾아올 것이다. 그때가 되면 매우 조심해야 한다. 특히 그대의 수행 성취를 비밀로 하는 것이 매우 중요하다.

탄트라는 근기 수승한 제자들을 위한 비밀 가르침이다. 그렇기 때문에 밀교 수행의 성취 또한 은밀하게 개발해야 하느니라. 사마야계를 조심스럽게 따르며 선근이 있고 수행을 성취한 제자들은 마라의 영향을 받지 않을 것이다. 그대는 최상근기의 제자이니 마라가 결코 그대를 속일 수는 없을 것이다. 이제 일체유정들을 위해 제자들을 모으고 가르침을 줄 때가 되었다."

감뽀빠는 자신이 준비가 되었는지 아직 확신할 수가 없어서 밀라래빠에게 물었다.

"언제가 되면 제자들을 맞이할 수 있다는 확신이 들겠습니까?"

밀라래빠는 대답했다.

"그대 마음의 본성을 보고 깨달음이 견고해졌을 때 불법을 펴고 가르치기 시작할 수 있다. 그대가 이미 어느 정도 깨달음을 얻은 것은 사실이지만, 본성을 보다 뚜렷하게 보는 날이 올 것이다. 그때 그대는 나를 완전한 부처님으로 보게 될 것이고 흔들리지 않는 깊은 확신이 일어날 것이다. 그때가 가르칠 준비가 된 것이다.

자신의 풍기를 손가락 끝에 모아서 방사할 수 있는 수행자는 풍기로부터 생기는 장애를 극복한 이다. 그렇게 할 수 있느냐? 해보아라. 그렇게 할 수 있는지를."

그날 저녁 감뽀빠는 재 한 더미를 평평한 바위 위에 쌓았다. 숨을 들이 마신 후 손에 풍기를 모아 잿더미를 가리켰다. 아무 일도 일어나지 않았다. 용기를 잃지 않고 감뽀빠는 쉼 없이 계속 시도했다. 밤이 오고 달이 떴지만 잿더미는 움직이지 않았다. 자정 무렵 감뽀빠가 손가락을 잿더미 가까이 가져가자 재가 조금씩 날리기 시작했다. 감뽀빠는 방법에 조금씩 익숙해졌고 조금 지나자 재가 마치 회오리바람처럼 날렸다.

다음 날 아침 감뽀빠는 밀라래빠를 친견하러 가서 기쁘게 어젯밤 일을 보고드리자, 밀라래빠가 말했다.

"잘했구나! 하지만 풍기를 완전히 통제할 수 있게 된 것은 아니고 부분적으로 조절할 수 있게 된 것이다. 이제 풍기가 균형을 이루었으니 나와 함께 있지 않아도 된다. 그대는 곧 신통력과 깨달음을 얻어 기적과 같은 일들을 할 수 있을 것이다.

이곳의 동쪽으로 가면 감뽀 다르라는 곳이 있다. 그곳에

가면 왕이 왕좌에 앉은 것 같은 형상의 산이 있을 것이다. 봉우리들은 왕관의 장식물 같은 데 내가 쓰고 있는 모자처럼 생겼다. 숲과 풀밭은 금빛 만다라처럼 배치가 되어 있다. 주위는 일곱 개의 산으로 둘러싸여 있는데, 앞의 산은 만다라의 중앙에 있는 보석과 같고, 주위를 둘러싸고 있는 여섯 개의 산은 왕에게 절하고 있는 신하들의 형상이다. 왕처럼 생긴 산의 기슭인 감뽀 다르에 가면 그대의 제자들이 있을 것이다. 이제 가서 그들을 이롭게 하라!"

밀라래빠는 다음의 게송을 불렀다.

비구여, 중앙 티벳으로 가는가?
나의 아들아 중앙 티벳으로 가거든
음식을 원할 때도 있으리라.
그럴 때면
명상 삼매 음식을 즐겨라.
좋은 맛이 모두 환상임을 깨달아라.
일어나는 모든 것이 법신불의 경험이니라.

때로는 추워서 옷을 원할 때도 있으리라.
그럴 때면
뚬모의 지복감 넘치는 내부열로 옷을 입어라.

부드럽고 멋진 옷이 환상임을 알아라.
일어나는 모든 것이 법신불의 경험이니라.

때로는 고향이 그리우리라.
그럴 때면
법성法性이 그대의 진실된 고향임을 보아라.
고향이 환상임을 깨달아라.
일어나는 모든 것이 법신불의 경험이니라.

때로는 가난하여 풍요를 원할 때도 있으리라.
보석과 돈이 탐나거든
보살의 일곱 가지 덕성을 보물로 삼아라.
모든 재산과 재물이 환상임을 알아라.
일어나는 모든 것이 법신불의 경험이니라.

때로는 외로워서 도반을 그리워하리라.
그럴 때면
현존하는 반야지혜를 도반으로 삼아라.
도반과 친구들도 환상임을 알아라.
일어나는 모든 것이 법신불의 경험이니라.

때로는 스승이 그리우리라.

그럴 때면

정수리에 스승을 관상하고 그와 둘이 아님을 명상하여라.
그대 가슴에 계신다고 관상하여라.
언제나 기도를 올리고 절대 스승을 잊지 말거라.
하지만 스승조차 환상임을 알아라.
그렇다, 모든 것이 환상임을 알아라.
감뽀 다르, 동쪽에 있는 산은
왕좌에 앉은 왕과 같으니
뒤에 있는 산들은 흰 비단 천처럼 흘러내리고
앞의 산들은 보석 더미와 같으며
봉우리들은 왕관의 꼭지들 같구나.

이를 둘러싸고 있는 일곱 산은
왕 앞에 절하는 신하들 같고
숲과 풀밭은 금빛 만다라 같구나.
산기슭에 그대의 제자들이 있으니
그곳을 이롭게 하라.
가서 모든 이들의 행복을 위해 일하여라.

이렇게 밀라래빠는 게송을 부른 후 이어서 말했다.
"이제 그대에게 이름을 주노니 '세상의 영광인 금강을 지닌 승려'라 부르리라."

 그런 후 밀라래빠는 알고 있는 모든 관정과 가르침 그리고 가피를 주었다. 또한 그에게 금빛 약초(arura)를 그의 혀와 침으로 가피해 주었다. 그리고 환송 선물로 불을 지피는 도구와 불쏘시개 주머니를 주며, 사랑하는 제자에게 말했다.
 "이제 그대의 고향인 중앙 티벳으로 돌아가 명상하라!"

[14] 마지막 가르침과 작별

감뽀빠는 얼마 되지 않은 짐을 싸고 나서 도반 요기들에게 인사를 하러 갔다. 세벤래빠·레충빠·시와외레빠 그리고 다른 요기들이 그를 환송하러 나왔다. 모두들 감뽀빠가 떠나는 것을 슬퍼했다. 감뽀빠의 진심어린 헌신과 빠른 성취는 놀라웠으며 모두에게 경책이 되었다. 모두가 아쉬운 마음으로 감뽀빠에게 작별 인사를 했다.

이제 중앙 티벳으로 갈 채비를 마친 감뽀빠는 스승에게 인사를 드리러 갔다.

"내가 배웅해 주마. 샴보체까지 바래다 주겠다. 몇 가지 전수해 줄 것도 있다"고 말하며 함께 길을 나섰다.

둘은 아버지와 아들처럼 한동안 걸었다. 아침 공기는 신선했고 하늘은 구름 한점 없이 맑았다. 밀라래빠와 감뽀빠가 동쪽 길을 걷는 동안 봄기운이 만연한 산의 꽃향기가 날렸다.

돌다리에 이르렀을 때 밀라래빠가 말했다.

"위에서 온 나의 비구 제자야, 상서로운 징조를 위해 이 다리는 같이 건너지 않도록 하자꾸나. 여기에 짐을 잠시 내려놓고 좀 걷자." 둘은 강둑에 함께 앉았다. 밀라래빠는 감뽀빠의 손을 잡으며 말했다.

"위에서 온 나의 비구 제자야, 아만심과 아상으로부터 자유롭도록 하여라. 집착과 탐욕에서 벗어나라. 세속팔법을 버리도록 하여라. 이것이 불교 수행자의 모습이니라. 모든 가르침을 하나의 수행으로 통합하여라. 항상 스승에게 기도하여라.

나의 아들아, 탐진치의 삼독이 강한 사람들과 어울리지 말거라. 그들의 삼독에 영향을 받을까 걱정되는구나.

어떤 이들은 성냄으로 가득 차서 다른 이들의 허물만 보고 모두 원수처럼 대한다. 이들은 다른 이들을 홀대하고 불법을 비난하며 다른 사람들에게 나쁜 영향만 끼친단다. 그들의 마음 깊은 곳은 항상 성냄과 미움의 불로 타오르고 있기 때문이다.

예를 들자면 뱀은 날개도 다리도 손도 없다. 논리적으로 보자면 그저 연약하고 온순한 동물이다. 하지만 모두 뱀을 보는 순간 혐오감과 두려움에 사로잡힌다. 이는 뱀 안에 있는 성냄을 반영하는 것이다. 미움을 좋아하는 이는 모든 사람을 적으로 보느니라.

어떤 이들은 매우 탐욕스러워서 모든 것에 집착하고 집에 쌓아 놓는다. 오래된 막대기나 조약돌 한 줌이라도 축적하려 한다. 그리고 '우리가 늙으면 재산이 필요하다. 우리가 죽을 때 묘에 음식을 많이 쌓아 놓아야 한다'고 말한다. 이들은 돈이 없이는 불법을 수행할 수 없다고 말하며, 보살들조차도 복덕 자량을 쌓기 위해서는 돈이 필요하다고 주장한다. 이들은 늘 고리대금과 이윤을 추구하는 일에 골몰한다. 이들의 피는 탐욕으로 끓고 있느니라.

또한 어떤 이들은 '지금은 불법을 수행할 때가 아니다. 한 가지 가르침에 집착해서는 안 된다. 그러면 편협하고 광신적이고 독단적인 사람이 될 것이다. 더군다나 한 생에 불과佛果를 이룬다는 것은 가능하지 않다'고 주장한다. 보리심을 닦지 않는 사람들은 성문의 길로 들어서게 될 것이다. 이들은 큰 무지에 사로잡힌 것이다. 이런 사람들과는 마주하거나 그들의 잡소리에 귀를 기울이지 말거라.

이런 이들과 이야기하면 처음에는 그대의 스승이 누구인지 물을 것이고, 어떤 가르침을 받았으며 어떤 수행을 하는지 물을 것이다. 알려주고 나면 이들은 화를 내며 그대의 가르침과 스승을 비난하고, 수행을 결국엔 포기하고 이로 인해 지옥에 태어나게 될 것이다. 왜냐하면 이들은 편협함 때문에 좋은 권고를 해주어도 듣지 않고 화만 낼 것이기 때문이다. 어떤 이들에겐 좋은 조언도 악업을 쌓는 일이 되기도 한단다. 그렇기 때문에 강한 삼독심에 사로잡힌 이들은 멀리해야 하느니라.

항상 마음챙김을 놓지 않도록 참새나 상처 입은 사슴처럼 조심하여라. 그대가 쌓은 복덕이 오염되지 않도록 자신의 수행력에 대해서 절대 아만심이 자라지 못하도록 해라. 모두에게 친절하고 원만하게 지내라. 항상 평온하고 자비로우며 침착하고 청정하게 살아라. 그대의 망상에 족쇄를 채우고 미혹과 한가한 잡담에 방해받지 않도록 유혹을 멀리하여라. 항상 조용한 산중 토굴에 머물러 살고 명상자리를 뜨지 않도록 해라. 삼학三學을 수행하는데 더욱 시간을 쏟아라.

비록 그대의 마음이 부처요, 진정한 스승이라는 것을 깨닫더라도 금강 상사인 스승을 버리는 일이 없도록 해라.

비록 그대의 율의가 본래 청정하다는 것을 깨달아도 가장 작은 복덕 자량을 쌓도록 하며 정화와 참회를 게을리하지 말거라.

비록 그대가 행주좌와行住坐臥 언제나 오매일여의 경지에 들더라도 사시四時에 구루요가上師供養하는 것을 멈추지 말거라.

비록 그대가 자타自他의 완전한 평등을 깨달았다고 하더라도 다른 이들과 그들의 가르침을 가볍게 여기지 말거라.

아들아, 토끼해 6월의 열네 번째 날이 되면 나를 보러 오너라. 그날 딘과 녜남의 접경 지역에 이르도록 해라. 이제 작별의 노래를 내가 부르리라."

나의 아들아, 말을 넘어선 본성이
그대의 마음에 일어날 때
철학적 사유에 떨어지는 유혹에 빠지지 말거라.
혹여 그대가 아만심을 내어
세속팔법에 빠질까 걱정되는구나.
아들아 겸손하고 자만에 빠지지 말거라.
알겠느냐, 위에서 온 비구야?
알겠느냐, 닥뽀에서 온 약사야?

나의 아들아, 마음의 자유를 얻게 되면
논리적인 생각에 빠지지 말거라.
그대가 쓸데없는 일에 노력을 쏟을까 걱정되는구나.

망상이 없는 상태에 머물러라.
알겠느냐, 위에서 온 비구야?
알겠느냐, 닥뽀에서 온 약사야?

그대의 텅 빈 마음의 본성을 깨달으면
이원과 비이원의 사념에 빠지지 말거라.
그대가 단견斷見과 상견常見에 빠질까 걱정되는구나.
아들아, 말 너머의 단순한 마음에 머물러라.
알겠느냐, 위에서 온 비구야?
알겠느냐, 닥뽀에서 온 약사야?

마하무드라를 수행할 때는
몸과 말로 하는 선업으로
매일의 일과를 하느라 분주하지 말거라.
혹여 분별 자리가 끊어진 지혜가 약해질까 걱정되는구나.
아들아, 꾸밈없는 마음의 본성에 머물러라.
알겠느냐, 위에서 온 비구야?
알겠느냐, 닥뽀에서 온 약사야?

계시가 있거나 비전을 보거나 예시가 오거든
집착하지 말고 자만심을 내거나 즐기지 말거라.
예시들이 마라의 전조가 될까 걱정되는구나.

아들아, 아무것도 집착하지 말고 마음을 쉬어라.
알겠느냐, 위에서 온 비구야?
알겠느냐, 닥뽀에서 온 약사야?

그대의 마음을 직접 관할 때
신통을 바라지 말거라.
욕망과 즐거움, 아만의 마라에 빠질까 걱정되는구나.
어떠한 기대도 없는 마음에 머물러라.
알겠느냐, 위에서 온 비구야?
알겠느냐, 닥뽀에서 온 약사야?

이렇게 게송을 부르고 나서 밀라래빠는 자신의 두 발을 감뽀빠의 머리 위에 올렸다.
"위에서 온 비구야, 방금 그대에게 네 가지 관정을 모두 주었다. 기뻐하여라!" 이렇게 말하며 감뽀빠에게 마지막 네 가지 관정을 일시에 주었다.
발을 감뽀빠의 머리 위에 올리는 것은, 네 가지 관정과 더불어 금강 상사 관정을 제자에게 내린 것으로, 감뽀빠에게 금강 상사가 될 자격을 부여한 것이다. 밀라래빠는 또한 현현 삼매有相三昧 관정을 주고 나서 "마지막 정말 심오하고도 희귀한 가르침이 있지만 너무 소중하여 그냥 줄 수가 없다. 이제 끝났으니 아들아, 가거라."

밀라래빠는 감뽀빠를 안아주고 무사한 여행을 기원했다. 감뽀빠는 짐을 들고 돌다리를 건너 강을 건너갔다. 스승을 떠나야 하는 마음에 감뽀빠의 눈에서는 하염없이 눈물이 흘러내렸다. 계속 동쪽을 향해 걷고 있던 그는, 겨우 스승을 알아볼 수 있는 거리가 되었을 때, 다시 한 번 밀라래빠가 서 있는 곳을 돌아보았다. 그리고 밀라래빠가 멀리서 자신을 부르는 손짓을 하고 있는 것을 보았다. 감뽀빠는 너무 기뻐서 단숨에 돌다리를 건너 스승에게 달려가 빛나는 눈으로 바라보자, 밀라래빠가 말했다.

"가장 소중하고도 핵심적인 이 가르침을 그대 말고 누가 받을 수 있겠느냐? 이리 오너라. 마지막 가르침을 주리라!"

감뽀빠는 너무나도 기뻐, "만다라 공양을 먼저 올릴까요? 스승님" 하고 여쭈었다.

밀라래빠가 말했다.

"그럴 필요 없다. 단지 이 가르침을 소중하게 생각하고 절대 잊어버리지 않도록 하라." 그리고는 자신의 무명옷 아래 부분을 들어 올리며 말했다.

"보아라!" 밀라래빠의 엉덩이는 수십 년간 딱딱한 돌바닥에 앉아 명상을 한 결과 동물의 굽처럼 딱딱하게 굳은살이

군데군데 박혀 있었다.

"이것이 내가 견뎌낸 고행이다. 이보다 심오한 가르침은 없다. 나의 성취와 깨달음은 모두 이렇게 정진한 결과 얻은 것이다.

오로지 이렇게 정진했기에 나는 복덕과 지혜를 쌓아 깨달음을 성취할 수 있었다. 그대 역시 이렇게 정진하라. 이보다 더 높은 가르침은 없다. 이것이 내 가르침의 정수이니라. 그러니 아들아, 이 아비의 뜻에 따라 정진하여라! 명상에 계속 정진하여야 한다. 한 자리에서 깨달음을 얻기 전에 일어나지 말거라. 불법의 정수는 바로 수행이다!"

이 가르침은 감뽀빠에게 지울 수 없는 인상을 남겼으며, 이후 수많은 장애를 넘어서는 힘이 되었다. 감뽀빠는 눈물로 스승의 가르침을 감사하며 중앙 티벳을 향해 떠났다.

밀라래빠는 추와르에 돌아와 모든 제자들을 불렀다.

"저 약사 승려는 여러 중생들을 이롭게 할 것이다. 어젯밤 꿈에 독수리 한 마리가 위 지방에서 이곳으로 날아 높은 봉우리에 앉았느니라.

사방에서 무량한 기러기 떼가 몰려들었다. 잠시 후 기러기들은 사방으로 흩어져 각각 500마리씩 다시 떼를 지었다. 그리하여 온 티벳의 계곡과 초원이 기러기로 가득했다. 이 꿈의 뜻은 이렇다. 나는 비록 요기이지만 나의 법손들은 출가 비구들이 많을 것이다. 약사 승려는 나의 법맥을 이어갈 것이고 무량한 중생들을 도울 것이다." 밀라래빠는 진심으로 기뻐하며 다시 말했다. "오, 나의 제자들아, 그대들의 스승인 나는 말로 형용할 수 없이 기쁘구나! 이제 나는 불법을 위해 무언가를 했다. 이로써 부처님의 예언을 실현했구나!"

[15] 밀라래빠의 열반

감뽀빠는 밀라래빠를 떠나 중앙 티벳까지 걸어갔다. 중앙 티벳에 도착한 감뽀빠는 우선 옛 까담파 스승인 계세 뉴룸빠를 찾아갔다. 오랜 여행으로 남루한 모습이었지만 스승의 처소로 갔다. 계세 뉴룸빠는 옛 제자를 다시 볼 수 있어 기뻤고, 그가 상당한 수행의 성취가 있었음을 금세 그의 기운으로부터 느낄 수 있었다. 저명한 요기 밀라래빠 아래에서 수행한 것을 안 계세 뉴룸빠는, "어떤 성취를 이루었느냐?"고 물었다.

감뽀빠는 대답했다.

"저의 풍기를 완전히 조절할 수 있으며 허공처럼 넓은 깨달음을 얻었습니다."

뉴룸빠는 매우 감동했다. 감뽀빠에게 차를 권하며 사원에서 머무를 것을 청했지만, 감뽀빠는 따로 계획이 있었다. 옛 스승의 호의를 저버릴 수 없어 며칠을 묵었지만, 다음 여행을 위한 재충전을 마치자마자 감뽀빠는 다시 떠날 채비를 했다. 옛 스승에게 작별 인사를 한 감뽀빠는 독거 수행을 위해 롤카로 떠났다. 감뽀빠는 롤카에서 한 동안 머무르며 명상을 한 후 다시 넬 지방으로 옮겨 열심히 정진했다.

넬에서 한 동안 머물며 수행하던 어느 날 감뽀빠는 스승 밀라래빠의 지침이 생각났다.

"아들아, 토끼 해, 6월 열네 번째 날에 나를 다시 보러 오너라. 그날 딘과 녜남 지방의 접경선에 이르도록 하여라." 하지만 아쉽게도 날짜가 이미 지나버린 상태였다. 어찌 되었건 그는 12온스의 금을 친구로부터 빌려 다음 날 아침 갸빠사레를 향해 떠났다. 가는 길에 인근 동굴에서 수행하고 있던 밀라래빠의 제자 레곰레빠에게 동행을 청했다. 그는 기꺼이 응하며 함께 길을 나섰다.

추와르 가까이에 있는 얠룽 계곡에 이르자, 감뽀빠는 밀라래빠의 아들과 같은 레충빠를 만날 수 있었다. 레충빠는 '밀라래빠 존자님께서 6월의 열네 번째 날 대열반에 드셨다'는 소식을 전하며, 감뽀빠에게 밀라래빠의 유품인 알로에 나무

지팡이와 아사리 마이뜨리빠의 모자를 주었다.

감뽀빠는 청천벽력 같은 소식에 오열을 터뜨리며 울다 기절했다. 레충빠와 레곰레빠가 찬물로 얼굴을 씻기고 손발을 마사지했다. 잠시 후 정신은 차렸지만 감뽀빠는 울음을 멈추지 않았다. 그리고 울면서 자리에서 일어서서 8온스의 금을 주머니에서 꺼내 공양을 올리는 마음으로 딘과 네남 지방 방향을 향해 흩뿌렸다. 감뽀빠는 스승을 향한 그리움으로 기도를 올렸다.

> 스승님이시여, 설산의 꼭대기에 서 계실 때
> 당신의 불사佛事는 설사자와 같았고
> 다른 이들의 그릇된 견해를 정복하시는 요기이셨습니다.
>
> 스승님이시여, 당신께서 숲으로 가실 때에는
> 마치 호랑이와 같았고
> 어떠한 희망이나 두려움으로부터 자유로웠습니다.
>
> 스승님이시여, 흰색 바위로 된 봉우리로 가실 때
> 당신이 가시는 길은 마치 흰 독수리의 행보와 같았고
> 모든 허공을 관장하시는 수행자이셨습니다.
> 스승님이시여, 당신께서 산에서 홀로 은거하실 때는

당신이 가시는 길은 마치 야생 동물의 것과 같았으니
당신은 탐착貪着을 여읜 수행자이셨습니다.
스승님의 행위는 코끼리와 같아
명상과 일상을 넘어선 분이셨습니다.

어린 아이와 같이 순수하신 스승님은
거침이 없는 분이셨으며

분별심을 넘어선 스승님은
법성을 완전히 깨달으신 분이셨습니다.

스승님은 가장 높은 지견을 깨달으셨으니
마음이 청정심과 하나가 되었고

음식에 대한 사념이 없는 스승님은
참으로 삼매의 양식으로 사셨습니다.

여의주와 같은 스승님은
원하는 것을 가져다 주시는 분이시고

별이 가득한 밤하늘의 보름달처럼

수많은 이들 중 으뜸이십니다.

진흙에서 피어나는 연꽃처럼
윤회계의 허물로부터 자유로우시고

모든 중생들에게 자비로워
까규 법맥의 발원을 성취하셨습니다.

당신의 공덕은 무량하며
저의 찬탄은 티끌과도 같습니다.

당신의 대자비로 저를 섭수하여 주시옵소서.
비록 제가 예경으로 올릴 공양물은 없으나
법신불을 얻는 날까지 수행하겠습니다.
가피의 강물을 멈추지 말아주시옵소서.
당신의 자비에서 멀어지지 않도록 하시옵소서.

이 찬탄의 공덕으로
스승님을 다시 만날 수 있게 하시며
다시 만나는 그날 저를 가피하여 주소서.

이렇게 감뽀빠는 찬탄의 기도를 올리며 헌신의 눈물을 흘렸다. 잠시 후 마음을 가다듬은 감뽀빠는 레충빠를 자신의 거처인 넬 지방으로 초대했다. 레충빠는 함께 넬로 떠났다. 레충빠는 가는 길에 감뽀빠와 레곰레빠에게 밀라래빠가 열반할 때 일어났던 기적과 같은 일들을 이야기해주었다. 레충빠는 밀라래빠의 다비식 이후 모든 제자들이, 밀라래빠의 유언대로 산으로 들어가 죽을 때까지 무문관 수행에 전념하겠다는 다짐을 했다고 전했다. 이 소식을 들은 감뽀빠는 매우 감동을 받았다.

넬에 도착한 후 레충빠는 감뽀빠에게 챠끄라삼바라 본존 수행에 대한 모든 구전 가르침을 전수해주었다. 감뽀빠는 밀라래빠의 무명옷 한 조각을 받았고, 여러 밀교 가르침을 전수 받았다. 모든 것을 마친 후 레충빠는 작별을 고하고 로로될 사원을 향해 떠났다. 레충빠는 후에 사대(四大)로 이루어진 몸을 완전한 보신불의 몸으로 변환시킨 후 텅 빈 법계로 융합되었다고 전해진다.

일련의 사건들을 겪은 후 감뽀빠는 매우 아름답고 부유한 우바이를 만났는데, 그녀는 감뽀빠의 수행을 뒷바라지 하겠다고 말했다. 그리하여 감뽀빠는 넬 지방의 세와룽 지역에서 6년을 머물렀으며, 다시 롤카의 겔룽 지역에서 일곱 해를 지냈다.

어느 날 밤, 숨이라는 지역에서 수행을 하던 깜뽀빠는 자신에게 아들이 있는 꿈을 꾸었다. 꿈에서 깜뽀빠는 아들의 머리를 자르며 "나는 내 가족의 대를 끊었도다!"라고 울부짖었다. 그런 후 아이의 시신을 언덕 아래로 굴렸다. 이 꿈이 있은 후 깜뽀빠는 더 이상 꿈을 꾸지 않았으며 항상 수면 중에도 정광명을 보았다.

마침내 깜뽀빠는 마음의 본성을 깨달으며 스승이 남긴 말의 참뜻을 알게 되었다. 이번 생이 윤회계에서의 마지막 생이라는 것을 알게 된 그는 생각했다. '이는 마치 애쓰지 않고 고향으로 돌아가는 것과 같구나!'

그는 다음의 오도송을 읊었다.

>법성의 대지복을 노래하노라.
>반야지혜에서 우러나오는 말을 하노니
>분별을 넘어선 법체를 드러내리라.
>
>중생들을 이롭게 하며 탐심으로부터 자유로운 대자비
>이를 수승한 방편으로 여길지어다.
>이 자성청정심을

지혜로 여길지어다.
이렇게 볼 때 확신이 서리라.

탐착하는 번뇌를
법신으로 여길지어다.
이렇게 경험할 때 제법의 본성을 보리라.
분별하는 습기인 육경六境의 끄달림을
궁극의 진리로 여길지어다.
이렇게 보게 되면 확신이 서리라.

번뇌 망상이 탐착의 원인이니
이를 법체로 볼 수 있게 될 때 진리를 보게 되리라.
진리를 깨닫고 싶다면
끊임없이 흐르는 강처럼 수행해야 하리.
쉬지 않고 분별심을 끊어야 하리.
애쓰지 않고 평상심이어야 하리.
망상 번뇌 없이 편하게 쉬어야 하리.

경험과 깨달음은 하나이니
깨달음이 끊어지지 않을 때가 그때이니라.
일상의 경험이 허공과 같을 때가 그때이니라.

마음이 부처라는 것을 볼 때가 그때이니라.

이제 나는 법계를 보았도다.
탐착은 스스로 사라졌도다.
의념意念을 내지 않고 깨달음을 얻었노라.

이런 일은 흔치 않으리, 범인凡人들에겐 흔치 않으리.
많이 배운다고 이 깨달음을 이해하진 못하리.
많은 지식으로 이 깨달음을 이해하진 못하리.
사념思念으로는 이를 표현할 수 없으리.

가피의 길에 머물지어다.
나는 스승님의 가르침을 따를 뿐이다.
신심이 있는 이들은 깨달음을 성취하리니
위대한 수행자들이여, 그대들의 깨달음이 이와 같은가?
모든 이들에게 이를 말해선 안 되리라.

스승이신 밀라래빠가 예언한 대로 감뽀빠는 자신을 향한 스승의 대자비심을 깨닫고 밀라래빠를 부처님으로 보게 되었다. 이후로 감뽀빠의 깨달음은 증장하지도 소멸하지 않고 완전한 평등심을 지니게 되었다.

[16] 닥라 감뽀

완전한 깨달음을 얻은 후 감뽀빠는 롤카에서 7년을 더 수행했다. 그의 주위에 많은 사람들이 모이기 시작했고 공양물을 올렸다. 감뽀빠는 필요한 것이 적었으므로 공양물들을 이웃들과 롤카의 사람들에게 나누어주었다.

따뜻한 봄날이 되자 감뽀빠는 외데 꿍갈 산으로 가서 조용하고 아름다운 경치 속에서 계속 수행했다. 어느 날 새벽에 명상하고 있는데, 하늘에서 "중생들을 이롭게 하는 행위를 소홀히 하는 것은 보살에게는 퇴락이다"라는 소리가 들렸다.

이 말을 진지하게 받아들인 감뽀빠는 '이제 은거처를 떠나 법을 나눌 때가 되었구나' 생각하고 짐을 챙기는데, 왕처럼 행색을 하고 커다란 청옥 목걸이를 두른 이가 감뽀빠에게 다가왔다. 그 왕은 감뽀빠의 모든 의식주를 후원하겠다며 이 산에 머물러 달라고 청했다. 만약 이곳에 머물지 않는다면 자신의 아들이 모든 것을 책임져 줄 감뽀 다르로 가달라고 요청했다.

"저는 하늘을 나는 아귀입니다." 왕은 말했다.

"다른 이들을 해칠 마음은 없으나 많은 이들이 저로 인해 고통을 받습니다. 이제 당신 앞에서 죄업을 참회하오니 저에게 귀의계와 보살계를 내려주십시오."

아귀왕의 진심어린 청을 생각하여 감뽀빠는 사대치력四對治力에 의한 정화 수행법과 자비심에 대한 가르침, 귀의계와 보살계 그리고 마하무드라에 대한 가르침을 주었다. 아귀왕은 감뽀빠에게 감사하며 하늘로 사라졌다.

감뽀빠는 감뽀 다르를 향해 떠나기로 결심했다. 감뽀 다르와 닥라 감뽀의 산세는 그가 본 경치 중에 가장 아름답고 빼어난 곳이었다. 매우 감동을 받은 감뽀빠는 상룽에 토굴을 짓고 12년 무문관을 들어가 오대五大 요소들을 섭식물로 만드는 수행을 성취할 생각이었다. 하지만 토굴을 거의 만들어갈 즈음, 얼굴에 재를 뿌리고 손에는 공작새의 깃털 세 개를 든 여인이 나타나 말했다.

"지금은 안거에 들어가는 것보다 가르침을 널리 펴는 것이 더 중요한 때입니다." 이 말을 하고 여인은 사라져버렸다.

며칠 후 다시 안거를 시작하려는데, 두 명의 승려 게쎄 걜와 충짱 첸과 게쎄 냐낙 마르뽀가 감뽀빠를 친견하러 왔다. 감뽀빠는 그들의 청을 거절할 수 없었고 가르침을 주는 사이에 안거 시작이 지연되었다. 이들의 친견이 있은 후 60명의 제자가 감뽀빠 주위에 몰려들었다. 감뽀빠는 이들에게 가르침을 준 후 정말로 무문관에 들어가려고 마음을 먹었다. 하지만 너무나 신심 깊고 법기로서 손색이 없는 제자들이 위 지방·짱·캄 지역 등 전국에서 자꾸 몰려들어, 그가 무문관에 드는 것을 막았고 감뽀빠는 이들 모두에게 가르침을 주었다.

밀라래빠와 석가모니 부처님의 예언대로 머지않아 51,600여 명의 제자들이 닥라 감뽀 인근에 모여 감뽀빠 문하에서 수행하게 되었다. 이 중 500명은 아라한과 같았으며 깊은 깨달음을 얻은 이들도 있었고, 기맥·풍기·명점의 수행을 성취해 신통을 얻을 이들도 많았다. 이 제자들은 청정한 공양물인지 아닌지를 항상 확인하고 공양을 받았으며, 12두타행에 따라 수행했고 대부분 장좌불와長坐不臥하며 명상을 했다. 티벳 역사상 한 시기에 이처럼 많은 불법 수행자들이 한 자리에 모여 수행한 일은 이전에도 이후에도 없었다고 한다.

¹⁷ 캄에서 온 세 명의 요기

감뽀빠의 51,600여 명 제자 중 캄에서 온 세 명의 요기가 가장 수승했다.

셋 중 한 명은 캄의 데게 지역에서 온 도제 걜뽀 혹은 줄여서 도걜이라고 부르는 이였다. 도걜은 석가모니 부처님의 화신으로 감뽀빠가 법을 펼 때, 도우러 오겠다는 예언에 따라 온 것이었다고 한다. 이생에서 도걜은 출가 비구였으며, 이미 수많은 스승들 문하에서 수행을 하고 까담파·싸꺄파·나로빠의 법맥과 다른 법맥들의 관정과 가르침을 몇 가지 받은 상태에서 감뽀빠를 만났다.

스물아홉 살이 되던 해 도걜은 감뽀빠의 명성을 듣고 친견하러 닥라 감뽀에 왔다. 닥뽀 하제(감뽀빠)를 만나는 순간 도걜은 깜뽀빠를 모든 부처님의 화현으로 보았다. 마음으로부터 우러나는 눈물을 흘리며 절을 올린 도걜은 엄청난 헌신과 신심이 일어났다. 스승에게 완전히 마음을 맡기고 자신의 일생과 명상 경험에 대해서 이야기했다.

깜뽀빠는 그를 보고 "자신의 성취가 대단하다고 생각하는 모양이군"이라고 대답하고는 손에 들고 있던 짬빠 가루를 보이며, "이것이 그대의 성취보다는 낫다"고 말했다.

이 순간 도걜이 이전에 성취했던 사마타의 선정은 모두 사라져 버렸다. 깜뽀빠가 말했다.

"이제 이 바위에 앉아 망상 잡념을 버리고 마음에 집중하여라."

도걜은 깜뽀빠가 말한 대로 했으며 그 순간 마하무드라의 깨달음을 얻었다. 바로 이때 도걜과 깜뽀빠 사이를 잇는 무지개가 떴고, 도걜은 불법의 정수를 깨달았다. 이후 도걜은 닥라 깜뽀에 남아 수행했는데, 후에 위대한 팍모 두빠로 알려졌다.

캄에서 온 두 번째 수행자는, 도캄 지역 출신으로 우세 혹은 '회색 머리'로 알려졌는데, 태어나면서부터 회색빛 머리카락을 하고 있어서 붙여진 이름이었다. 우세는 자비의 화신인 관세음보살의 현신이었다. 우세는 후에 까르마빠, 즉 '불사를 행하는 이'라고 알려졌는데, 감뽀빠의 불사를 돕기 위해 올 것이라고 『월등삼매경』에 예언되어 있었다. 이생에서 우세는 출가한 비구로 어려서부터 부모님에게 불법을 배웠다. 열여섯 살이 되던 해 승가에 입문한 우세는 스무 살에 비구계를 받았다. 우세는 율장, 까담파 법맥의 깔라챠끄라 수행 그리고 인도의 마하싯다 비루빠에게서 전해지는 람데 수행을 배웠다.

서른 살이 되던 해 감뽀빠의 명성을 들은 우세는 닥라 감뽀로 스승을 찾아왔다. 감뽀빠는 우세에게 우선 자신이 거쳤던 까담파의 보리도차제에 따른 예비수행을 가르쳤다. 수행이 진전됨에 따라 현교의 가르침들을 차례로 주고 헤바즈라의 관정을 내렸다. 우세는 관정 의식 중에 감뽀빠가 실제 헤바즈라의 본존으로 보였다.

감뽀빠의 권유에 따라 우세는 9개월 동안 사마타 무문관 안거에 들어갔다. 이 기간 동안 우세는 너무나 헌신적으로 수행하여 합장한 손에 땀이 마르지 않았다. 감뽀빠는 우세의 정진력을 눈여겨보며, 그가 가장 수승한 제자 중 하나라고 생각했다. 우세는 사마타 수행을 완전히 성취한 후 감뽀빠에게 상급 위빠사나 명상을 배웠다. 위빠사나 안거를 3년 간 수행한 우세는 신통력을 보이기 시작했다. 그의 지혜는 마치 구름을 없애는 햇빛처럼 날로 증장되었다. 이즈음 감뽀빠는 우세에게 말했다.

"이제 그대는 현상계와의 끈을 끊었도다. 이제 윤회계로 돌아오는 일은 없으리라."

세 번째 캄 출신의 수행자는 냥첸에서 온 샐똥 쇼굼이었다.

이 세 명의 캄 수행자 외에는 모두가 청정한 계율을 지키며 수행하고 있었다. 이와는 반대로 캄 수행자들은 계율에 얽매이지 않고 자유분방한 것처럼 보였다. 이들은 이미 상당한 성취를 이룬 수행자들로 어떠한 행위도 악업을 짓지 않기 때문에, 외형적인 계율에 얽매이지 않을 수 있었던 것이다.

이들은 탄트라 의식인 가나챠끄라 공양 의식을 제대로 하기 위해서, 감뽀빠에게 몇 번에 걸쳐 술을 마실 수 있게 해달라는 간청을 드렸다. 어느 날 샐똥 쇼굼이 나머지 두 명의 캄 수행자들에게 말했다.

"우리는 마하싯다 나로빠의 법손들이다. 매달 25일에 있는 다키니의 날을 기념해야 한다. 돌아오는 다키니 날 바즈라요기니 가나챠끄라를 하는 것이 어떻겠는가?"

도걜이 대답했다.

"그렇게 할 수 있다면 정말 좋지만 승가에서는 우리가 술을 마시지 못하도록 하지 않는가? 유나 스님이 우리가 술 마시는 걸 알게 되면 큰일 날걸세."

하지만 샐똥 쇼굼은 이에 실망하지 않고, 여름에 들어서는 첫 달의 다키니 날 가나챠끄라를 하자고 제안했고, 세 명은 감뽀빠에게 계속 간청을 올렸다. 결국 감뽀빠는 못마땅해 하면서도 이번 한 번만 보리로 만든 창을 해골 잔에 마실 수 있게 허락했다. 셋은 각각 세 잔씩 공양 올릴 해골 잔에 보리로 맛있는 창을 만들었다.

다키니 날 세 명의 요기는 인근의 성스럽다고 알려진 산으로 올라가 경관이 좋은 곳을 찾았다. 가나챠끄라에 필요한 성스러운 공양물들도 모두 가져갔다. 그들은 자신들의 신통을 선보이며 가나챠끄라를 했다. 도걀은 마치 양을 치듯 장작 나무들을 언덕 위로 몰았다. 도캄의 우세는 낚시 그물로 물을 길어왔다. 낭첸의 샐똥 쇼굼은 양 손가락에서 풍기를 내보내어 불을 지폈다.

산 위에서 이들은 즐거운 시간을 보냈다. 저녁에는 지복감을 높이기 위해 바즈라요기니 의궤를 행했다. 창을 마시고 기적을 일으키며 선대 조사들이 불렀던 여러 오도송을 염송하고 깨달음의 체험을 게송으로 부르며 라마 댄스를 추었다. 까규의 간청문에 따라 전통 승무도 추었다.

오늘 이날, 금강형제들이여, 간청을 올리세
진심으로 간청하면 지복이 일어나리라.

정수리 위의 일월좌에 앉아 계시는
자비로운 근본 스승께 간청합니다.

색구경천色究竟天의 궁전에 계시는
위대한 법신 지금강불께 간청합니다.

동쪽 귀중한 사호르 사원에 계시는
띨로빠께 간청합니다.

북쪽 푸쉬빠라히 사원에 계시는
대학승 나로빠께 간청합니다.

남쪽 도오 계곡 사원에 계시는
역경사 마르빠께 간청합니다.

높은 산 라치의 설산에 계시는
요기의 제왕, 밀라래빠께 간청합니다.

동쪽 존귀한 닥라 감뽀에 계시는
법왕, 닥뽀에서 오신 약사 승려, 감뽀빠께 간청합니다.

서쪽 우진국의 궁전에 계시는
불모 반려자, 바즈라요기니께 간청합니다.

서늘한 숲속의 땅에 계시는
호법신장·마하깔라·마하깔리께 간청합니다.

내외부의 장애가 일어나지 않게 하시고
방편과 지혜를 모두 성취케 하소서.

이렇게 캄의 요기들은 게송과 승무를 벌이며 기도를 올렸다. 사원으로 돌아오는 길에도 매우 환희로운 마음이어서 선대 조사들의 오도송들을 부르고, 승무를 추며 경내로 들어섰다. 이 소리를 들은 유나 스님은 화를 냈다. 가무歌舞는 사찰 내에서 할 수 없는 것이 승가의 계율이었다. 유나 스님이 뛰쳐나와 캄의 요기들을 빗자루로 혼내며, "승가의 계율을 져버린 놈들! 가무는 계율에 어긋나는 것이거늘! 너희는 계를 파했으니 이곳을 당장 떠나라!"고 화를 내며 말했다.

아직도 환희의 삼매에 젖어 있던 도걜은 게송으로 유나 스님에게 대답했다.

"땅은 사무량심捨無量心으로 가득 찼도다"라고 게송을 읊으며 설명하려 했으나 유나 스님은 듣지 않고 말했다.

"당장 다들 떠나거라!"고 말했다.

유나 스님이 전혀 이해하려 않자, 도걜은 오늘 밤이라도 지내고 다음 날 아침 일찍 가도 되는지 여쭈었다.

"그렇다면 좋다. 오늘은 이미 해가 졌으니 자고 내일 아침 동이 트자마자 떠나거라!"고 유나 스님이 말했다.

다음 날 아침 해가 밝자마자 캄의 요기들은 사원을 나섰다. 사원에서는 이들을 서둘러 일주문 밖으로 내쫓듯이 내보내, 스승 감뽀빠에게 인사를 하거나 하산하라는 허락조차 받을 수 없었다.

이때 감뽀빠는 사원에 있지 않고 더 높은 산중 토굴에 안거를 하고 있었다. 캄의 요기들이 사원을 떠나던 시각에 감뽀빠가 시자 스님인 곰췰 스님에게 말했다.

"어제 사원 경내에서 훌륭하고 기적과 같은 일들이 벌어지고 있는 비전을 보았다. 하지만 오늘 아침엔 다카와 다키니들이 이 사원을 떠날 준비를 하고 있구나. 밖을 한 번 내다보아라. 캄의 요기들에게 무슨 일이 있는지 알아보아라."

곰철 스님은 무슨 일이 벌어졌는지 알아보기 위해 토굴에서 나왔다. 산에서 내려다보니 캄의 요기들이 벌써 산마루까지 내려가고 있었다. 이곳은 사원을 찾는 순례객들이 사원을 향해 첫 절을 올리는 곳이었다. 산에 오르기 시작해 처음으로 사원을 육안으로 볼 수 있는 곳이기 때문이었다. 캄의 요기들은 이곳에서 스승을 향한 마지막 절을 올리고 있었다.

곰철 스님은 새들이 평소보다 훨씬 크게 울고 있었고, 산에 사는 새들이 캄의 요기들이 떠나는 방향으로 날아가는 것을 보았다. 다카·다키니들 뿐만 아니라 새들 마저 떠나고 있었으며, 심지어는 풀과 나무들도 캄의 요기들이 떠나는 방향으로 기울어지고 있었다. 그들은 마치 캄의 요기들과 함께 떠나고 싶은 것처럼 보였다. 모든 것을 본 곰철은 감뽀빠에게 그대로 아뢰었다.

감뽀빠는 말했다.

"좋지 않은 징조로구나! 캄의 요기들이 유나 스님께 징계를 받은 것 같다. 그들을 오해하고 있구나.

저 세 명의 요기들은 무수한 겁생 동안 자량을 쌓고 업을 정화한 이들이다. 일반 범부들은 그들의 공덕과 성취를 도저히 알 수가 없다. 나와 그들이 이 닥라 감뽀 지역에서 함께 지낼 수 있었던 것은, 석가모니 부처님 당시에 했던 간절한 기도와 발원 때문이었다. 그들은 반드시 이곳에서 더 지내야한다. 나도 그들과 함께 떠나고 싶은 심정이로구나! 그들을 쫓아가서 데리고 돌아와야겠다."

감뽀빠는 세와 동굴의 토굴에서 나와 황급히 서쪽 산등성이를 타고 내려가, 깊은 골짜기에 이르러 캄의 요기들이 보이는 곳을 찾았다. 큰 절벽 끝에 오른 감뽀빠는 가사를 쥐고 다른 한 손을 흔들며 제자들을 다음의 게송으로 불러 세웠다.

카, 예! 들어라 마음으로 낳은 아들들이여
더 이상 내려가지 말고 돌아오너라!

무수한 생전에
우리는 길상하고도 깊은 법연이 있었느니라.
세존, 정등각자이신
석가족의 보호자 부처님께서 계실 때
당시 젊은 보살 찬드라쁘라바였던 나는
부처님께 간청을 올려 『삼매왕경』을 들었느니라.
그대들은 그곳에 있었던 수천, 수만 명의
금강형제 중 으뜸이었느니라.

여래께서는 그때
'미래에 말법 시대가 되었을 때
이 『삼매왕경』의 심오한 법을 가르치는 자는
삼세제불의 아들이 될 것이다.
그는 뛰어난 의사로서 모든 질병과 번뇌를 치료할 것이며
모든 세존들로부터 칭송을 받을 것이다.'

이를 그곳에 있는 보살들에게 거듭 말하실 때
나는 이 가르침을 펴겠노라고 서원했느니라.
그곳에 모인 대중은
나를 돕겠다고 발원하고 약속했고
그 발원이 수승하여 그대들과 내가 이생에서 다시 만났노라.
그 당시 법연과 공덕을 함께 나눈 이들은 모두 복이 많아
심오한 불법을 잘 배워서
모두 아나함과阿那含果 이상을 증득했느니라.
아들들아, 더 이상 가지 말고 돌아오너라!

이 훌륭한 곳, 성스러운 감뽀 산은
바다같이 무량한 본존들이 계시는 궁전이란다.
이곳에서 명상하는 근기 수승한 수행자들은
빨리 방편과 지혜를 성취하느니라.
아들들아, 더 이상 가지 말고 돌아오너라!

나는 아버지와 같은 스승, 니와의 위대한 수행자,
믿을 만한 도반.
나에게 의지하는 제자들은
마하무드라의 법을 속히 깨닫느니라.
아들들아, 더 이상 가지 말고 돌아오너라!

스승의 이야기를 제대로 따르는 제자는
이번 생뿐만 아니라 다음 생까지도
큰 이익이 있을 것이다.
이는 의심의 여지가 없는 것이니 믿어라.
덕 많은 이들이여, 그대들 마음에 신심이 일어날지라.
아들들아, 더 이상 가지 말고 돌아오너라.

요기의 밀행법이 그대들의 도반,
하루 사시四時 수행을 지키고
진심으로 헌신의 마음을 가지는 것이
빠른 성취로 이끄는 수승한 도반이로다.
아들들아, 더 이상 가지 말고 돌아오너라.

그대의 금강형제들과 이러한 도반들은
불법을 따르는 이들이며

대승의 가장 높은 가르침들이다.
이보다 나은 도반이란 없다.
아들들아, 더 이상 가지 말고 돌아오너라!

심오한 가르침, 마하무드라의 육성취법은
불법의 정수인 현교와 밀교의 핵심이로다.
해탈하고자 하는 이,
이보다 수승한 가르침은 찾지 못할 것이로다.
아들들아, 더 이상 가지 말고 돌아오너라!

수행을 제대로 할 줄 안다면
오도五道와 십지十地를 동시에 성취하며
이 생에서 실제로 성취의 결과가 나타나리라.
다음 생까지 기다려야 하지 않으니 얼마나 좋은가!
아들들아, 더 이상 가지 말고 돌아오너라!

수행하기 좋은 곳, 좋은 도반, 수승한 수행 방편,
그리고 성취를 앞당기는 수행법
어디를 찾아봐도
이 네 가지보다 성스러운 것은 없도다.
아들들아, 더 이상 가지 말고 돌아오너라!

이 네 가지 길을 져버린다면 그대들은 어디를 간단 말인가?
이제 이처럼 선하고 길상한 인연을 만났지 않았느냐.
희망과 두려움에 대해서 너무 많이 생각하지 말거라.
이곳에서 더 수행하는 것이 좋을진저.
아들들아, 더 이상 가지 말고 돌아오너라!

색구경천色究竟天의 궁전에서
위대하신 법신불, 지금강불이 내리는 명령이니
돌아오라! 다시 올라오라!

이렇게 깜뽀빠는 게송을 불렀고, 이후 이 게송은 '쇼 호! 돌아오라!'라는 노래로 알려지게 되었다. 이렇게 간절히 법왕 깜뽀빠는 캄의 요기들에게 돌아오라 말했는데, 그 마음이 너무나 절절하여 그가 서 있던 절벽 바위에 발자국과 지팡이 자국이 남았다고 한다.

캄의 요기들은 스승이 보이는 곳에 이르러, 손을 흔들며 이 게송을 읊는 것을 들었다. 이들은 화답으로 게송과 승무를 추었다.

색구경천의 궁전에 계시는

위대한 지금강불께
화답으로 금강형제들이여, 간청을 올리세.
스승께서 '돌아오라' 말씀하시니
우리는 돌아가네, 다시 올라가네.
우리는 계단을 타고 삼선도로 올라가네, 다시 올라가네.
삼악도를 밟고 다시 올라가네, 올라가네.
쇼 호! 환희로운 경험이로다!

동쪽 귀중한 사호르의 사원에 계시는
띨로빠, 반야지를 구족한 이께
화답으로 금강형제들이여, 간청을 올리세.
스승께서 '돌아오라' 말씀하시니
우리는 돌아가네, 다시 올라가네.
우리는 계단을 타고 삼선도로 올라가네, 다시 올라가네.
삼악도를 밟고 다시 올라가네, 올라가네.
쇼 호! 환희로운 경험이로다!

북쪽 푸쉬빠하리에 계시는
대학승 나로빠께
화답으로 금강형제들이여, 간청을 올리세.
스승께서 '돌아오라' 말씀하시니

우리는 돌아가네, 다시 올라가네.
우리는 계단을 타고 삼선도로 올라가네, 다시 올라가네.
삼악도를 밟고 다시 올라가네, 올라가네.
쇼 호! 환희로운 경험이로다!

남쪽 도오계곡 사원에 계시는
역경사 마르빠께
화답으로 금강형제들이여 간청을 올리세.
스승께서 '돌아오라' 말씀하시니
우리는 돌아가네, 다시 올라가네.
우리는 계단을 타고 삼선도로 올라가네, 다시 올라가네.
삼악도를 밟고 다시 올라가네, 올라가네.
쇼 호! 환희로운 경험이로다!

라치 설산의 고원에 계시는
요기의 제왕 밀라래빠께
화답으로 금강형제들이여, 간청을 올리세.
스승께서 '돌아오라' 말씀하시니
우리는 돌아가네, 다시 올라가네.
우리는 계단을 타고 삼선도로 올라가네, 다시 올라가네.
삼악도를 밟고 다시 올라가네, 올라가네.
쇼 호! 환희로운 경험이로다!

동쪽에는 훌륭한 닥라 감뽀에 계시는
법왕, 닥뽀에서 온 의사 비구, 감뽀빠께
화답으로 금강형제들이여, 간청을 올리세.
스승께서 '돌아오라' 말씀하시니
우리는 돌아가네, 다시 올라가네.
우리는 계단을 타고 삼선도로 올라가네, 다시 올라가네.
삼악도를 밟고 다시 올라가네, 올라가네.
쇼 호! 환희로운 경험이로다!

이렇게 세 요기들은 게송을 부르며 승무를 추었고, 그들이 밟은 바위에도 역시 발자국들이 남았다. 이들의 게송은 이후 '쇼 호! 돌아간다!'라는 노래로 알려지게 되었다.

세 제자들과 스승은 닥라 감뽀 사원으로 돌아왔다. 이 일이 있은 후 승가에서는 캄 요기들의 행동을 이해하게 되었다. 감뽀빠는 사원 윗쪽에 있는 세와 동굴에서 계속 지냈고, 도걜은 쿵딩 동굴에서, 우세는 쩨까르 동굴에서 그리고 섈뚱 쇼굼은 추믹 동굴에서 명상을 했다.

감뽀빠는 이 세 명의 요기가 앞으로 큰일을 하리라고 생각하고, 이들의 앞날을 알려주는 징표를 보기 위해 캄의 요기들을 불러 말했다.

"내가 과제를 하나 내주마. 모두 명상모자 하나씩을 만들어 오너라."

도걜은 "흠, 스승님께서 모자를 만들라고 하셨으니, 분명 장엄하고 큰 모자를 만들라는 뜻이 분명하다"고 생각하며 장엄하고 큰 모자를 만들었다. 우세는 "스승님께서 모자를 만들라고 하셨을 때는 아름답고 훌륭한 모자를 만들라는 뜻이다"라고 생각하며 아담하고 아주 예쁜 모자를 만들었다. 한편 샐똥 쇼굼은 명상에 열중하다가 그만 모자 만드는 것을 잊어버렸다. 감뽀빠가 모자를 만들어 오라는 날이 되자, 갑자기 생각이 난 샐똥은 "이런! 스승님께서 내 주신 과제를 잊어버리고 있었구나! 뭐라도 만들어가야겠다!"라고 생각하며 천 조각을 머리에 쓰고 끈으로 질끈 묶었다.

감뽀빠는 장엄하고 훌륭하게 장식된 도걜의 큰 모자와 우세와 샐똥의 모자를 보고는, "그대가 모자를 훌륭하게 장식한 것은 앞으로 4대 법맥 중 하나의 개산조가 되며, 8소 전승의 아버지가 될 것임을 보여준다. 그대의 뒤를 잇는 수승한 여러 법맥이 나오리라"고 말했다.

"우세는 아주 아담하고 아름다운 모자를 만들었구나. 모자가 크지 않아 그대는 도걜처럼 커다란 법맥을 만들지는 않을 것이다. 하지만 그대로 인해 생겨난 법맥은 매우 청정하며 강할 것이다.

샐똥, 그대는 인간계에서는 법맥이 생기지 않을 연이다. 하지만 명상수행을 매우 열심히 하여 인간들이 아닌 천신·아수라·아귀 등의 중생들을 이롭게 하리라"라고 각각의 미래를 예언했다.

훗날 도제 걜뽀는 팍모 두빠라는 이름으로 알려지며, 까규의 4대 전승 중 하나인 팍두 까규의 개산조가 되었다. 팍모 두빠의 제자들은 둑빠 까규·디꿍 까규 등 8개의 전승을 형성했다. 우세는 까르마 까규 혹은 깜창 까규의 개산조가 되었으며, 삼세를 아는 이라는 이름인 뒤숨 켄빠의 칭호와 함께 1대 까르마빠로 후대에 알려지게 되었다. 감뽀빠가 예언한 대로 샐똥 쇼굼은 우리가 사는 인간계에 전승을 남기지 않았다.

¹⁸ 감뽀빠의 썅빠 까규 제자, 목쪽빠

감뽀빠에게는 많은 수승한 제자들이 있었는데, 그 중에는 썅빠 까규의 2대 조사인 목쪽빠 린첸 쬔두(Mokchokpa Rinchen Tsöndru, 1110~1170)도 있었다.

썅빠 까규는 감뽀빠를 원류로 하는 닥뽀 까규와는 독립적으로 형성된 법맥이다. 썅빠 까규의 티벳 개산조인 쿵뽀 넬조르는 쿵 성씨의 집안에서 태어났다. 그가 태어났을 때 유명한 스승이었던 아모가(Amoga)라는 마하싯다가 인도에서 날아와, 이 아이는 위대한 스승이 되어 많은 중생들을 도울 것이라고 예언했다. 그는 어려서부터 매우 비범한 아이였으며, 다섯 살에는 전생에 대해서 이야기하고 미래 생에 대해서도 예언을 했다. 열 살에 이르러서는 이미 글과 산수, 인도와 중국의 점성학을 통달했고, 열두 살이 되어서는 친가의 전통에 따라 뵌교의 가르침을 받았다. 그러나 뵌교의 가르침으로 만족하지 않았던 그는 닝마파의 전통에 따라 족첸을 배웠다.

인도로 가서 최상승법을 찾아야겠다고 생각한 쿵뽀 낼조르는 금을 모아 네팔을 거쳐 인도로 향했다. 그는 일곱 번에 걸쳐 인도를 여행하며 150여 명의 스승 문하에서 수행했으며, 그 중 네 명의 근본 스승을 두었다. 이 중 지금강불로부터 직접 가르침을 받았다는 두 명의 여인, 니구마와 수카싯디는 쿵뽀 낼조르에게 육성취법六成就法(Six dharmas of Niguma)의 모든 가르침을 빠짐없이 주었다. 또한 도제덴빠·마이뜨리빠로부터 다섯 본존의 요가·마하깔라 수행 그리고 마하무드라의 가르침 등을 전수 받았다. 그는 티벳의 샹 지역에 돌아와 사원을 건립하고, 150살까지 살면서 8만여 명의 제자를 배출했다.

니구마는 쿵뽀 낼조르에게 썅빠의 비밀하고 수승한 가르침을, 7대 법손까지는 오직 일대일로 한 명의 제자에게만 주라는 지침을 주었다. 이 7명을 썅빠 칠보七寶[4]라고 하는데 쿵뽀 낼조르(khyung po rnal 'byor, 987~1079)로부터 모든 법을 받은 법전수자가 목쪽빠였다.

---

4 썅빠 칠보七寶는 지금강불(Vajradhara)·니구마(Niguma)·쿵뽀 낼조르(Kyungpo Naljor)·목쪽빠(Mokchokpa)·께르강빠(Kyerganapa)·리공빠(Rigongpa)·상계 뙨빠(Sangye Tonpa)이다.

목쭉빠 린첸 쬔두는 샹 계곡의 남링 지역 하부라는 지방에서 태어났다. 어려서 여러 경서를 공부하고, 레충빠의 제자였던 라마 부르곰 닥뽀로부터 가르침을 받으며, 그의 문하에서 5년 동안 수행했다.

목쭉빠는 열여섯 살에 쿵뽀 넬조르를 만났다. 쿵뽀 넬조르는 그에게 반야부를 공부하라고 지시하고 라싸로 보냈다. 라싸로 가던 목쭉빠는 수행하는 요기를 만나 그의 모습에 감명을 받고 명상을 시작했다. 또한 목쭉빠는 까담파의 2대 조사이자 아띠샤의 법제자였던 돔뙨빠를 만나, 명상의 중요성에 대해서 듣고 교학보다는 수행을 열심히 하라는 그의 권고에 따라 반야부를 공부하는 대신 명상하며 몇 년을 보냈다.

그렇게 몇 년을 지낸 후 목쭉빠는 쿵뽀 넬조르에게 돌아갔다. 쿵뽀 넬조르는 그에게 반야부 공부를 어떻게 했는지 물었다. 목쭉빠는, "공부를 하러 가던 중 명상 수행을 하던 요기에게 감명 받아 명상을 했습니다. 교학을 공부하고도 미혹에 사로잡힌 이들을 보고 느낀 바가 있었습니다"라고 대답했다.

그러자 쿵뽀 넬조르는 화를 내며, "스승의 말을 지키지도 않는 그대는 더 이상 내 제자가 아니다. 떠나라"고 말했다. 목쭉빠는 너무나도 단호한 스승의 말을 거역하지 못하고 다음 날 떠나기로 결정했다.

그날 밤 쿵뽀 낼조르의 꿈에 아미타 부처님이 나타나 말했다.

"린첸 죈두는 그대가 그렇게 기다렸던 2대 법손이다. 그를 떠나보내선 안 된다." 꿈에서 깬 쿵뽀 낼조르는 자신이 실수한 것을 알고, 목쪽빠를 다시 불러 법제자로 받아들이고 썅빠 까규의 모든 법을 전수해 주었다.

목쪽빠는 쿵뽀 낼조르를 시봉하며 썅빠의 법을 수행했다. 쿵뽀 낼조르가 대열반에 든 후, 목쪽빠는 2년 간 동굴에서 안거를 하며, 환신의 요가·몽중 요가 그리고 정광명의 요가를 통달했다. 명상을 하던 중 마하무드라에 관한 의문이 생긴 목쪽빠는 당시 저명한 스승으로 알려져 있던 감뽀빠를 찾아가 지도를 받기로 하고 닥라 감뽀로 향했다.

닥라 감뽀에서 제자들을 지도하고 있던 감뽀빠는, 샹 지방에서 온 목쪽빠를 보자 눈물을 글썽이며 그의 손을 잡고 말했다.

"과거 생에 우리는 여러 번 스승과 제자 사이로 만났었단다. 전생의 법연으로 이제 이곳에서 다시 만났구나. 이번에는 그대가 신심과 헌신을 지닌 제자로 나에게 돌아왔구나."

목쪽빠 또한 감뽀빠를 만나자 깊은 헌신의 마음이 일어 눈물을 흘렸다.

목쪽빠는 감뽀빠에게 마하무드라의 견해와 나로빠의 육성취법에 대한 몇 가지 질문을 했다. 그러자 감뽀빠는, "나는 나로빠의 육성취법에 대한 가르침은 더 이상 주지 않기로 했다. 그대는 이미 마하무드라에 대해서 매우 잘 알고 있다. 몇 가지만 내가 명확히 해주면 될 것 같구나. 오늘 밤 꿈자리를 잘 살피어라" 말하며 목쪽빠를 돌려보냈다.

그날 밤 목쪽빠는 몽중 요가를 하며 잠을 잤다. 감뽀빠 또한 몽중 요가를 하여, 목쪽빠를 꿈속에서 만나 나로빠의 육성취법과 마하무드라의 모든 가르침을 주었다. 다음 날 목쪽빠가 찾아오자, "그대가 꿈에서 받은 가르침은 모두 정확한 것이다. 이제 의심을 풀고 수행에 전념하라"고 말했다.

감뽀빠와 작별한 목쪽빠는 목쪽 지방에 가서 12년간 동굴에서 무문관 수행을 하여 완전히 법신을 성취했고, 이후 목쪽 지방의 성취자라는 뜻으로 목쪽빠라고 불리었다.

[19] 감뽀빠 대사에 관한 일화들

죄업을 지은 제자

감뽀빠의 제자 중 장물로 불교 경전, 불상 등을 판 사람이 있었다. 그는 감뽀빠에게 어떻게 하면 죄업을 정화할 수 있을지 물었다.

"그대가 그렇게 쌓아 올린 것만큼의 재산을 청정한 방법으로 다시 모아 모두 사원을 짓는데 보시하라"고 지시했다.

제자는 매우 열심히 일해 사원을 짓고 예쁘게 꾸몄으며 불화 등을 보시했다. 하지만 너무 많은 시간이 들어 이제는 명상할 시간이 없었다. 그는 감뽀빠에게 돌아가 말했다.

"불상과 불경 등을 수집하여 사원에 보시하는 시간이 너무 많아 마음이 산란하여 명상할 시간이 없습니다." 그러자 감뽀빠는 대답했다.

"만약 법계에 단 한순간이라도 머문다면 그대는 태산과 같은 죄업을 정화할 것이다."

까규는 가피의 법맥
어느 날 감뽀빠가 말했다.
"나는 명상 체험을 얻는데 매우 어려웠다. 그런데 요즘 보니 그대들은 모두 어려움 없이 진전을 보이는구나. 구전 전승[5]의 수승한 수행 방편 외에도 까규 법맥의 가피는 비할 바가 없느니라."

명상을 하는 마음의 자세
감뽀빠는 말했다.
"처음 수행을 시작할 때는 축사에 갇힌 사슴 혹은 감방에 갇힌 죄수가 나가고자 하는 것처럼 윤회계를 벗어나고자 해야 한다.
명상의 중간 단계에서는 수확을 하는 농부처럼 해야 한다. 누가 뭐래도 이제 익은 곡식을 거둬야겠다고 결심하고 근면하게 일하듯이 해야 한다. 농부가 자신의 농사를 주어진 시간 내에 최대한 살리려고 노력하듯이, 수행을 할 수 있는 유

---
5 까규 전승을 말한다.

가$_{有暇}$와 원만$_{圓滿}$을 받은 이생에 낭비할 시간이 없다고 여겨야 한다.

수행의 마지막 단계에서는 마무리를 하는 사람처럼 모든 것을 놓고 안주할 수 있게 성취해야 한다.

수행할 시간에 관해서 말하자면, 금방 화살에 맞아 그 화살을 처리하고자 하는 사람처럼 해야 한다. 누가 쐈는지를 떠나서 일단은 화살을 제거하고 치료해야 한다.

명상할 때는 외아들을 잃은 어미의 심정이어야 한다. 마치 무엇을 해도 아들의 모습이 마음에서 떠나지 않는 어머니와 같아야 한다. 원만차제 단계의 수행에 이르러서는 모든 양을 집에 안전하게 데려온 양치기 같아야 한다. 이전에는 돌볼 일들이 많고 대처하고 신경 쓸 일도 많았지만, 이제는 안전하게 집에 이르렀으니 편안하게 마음을 쉬어야 한다.

지속적으로 무상에 대해서 명상하면 이생에서의 집착은 점점 사라진다. 그러면 부처님의 가피를 입기가 쉽다. 만약 무상에 대해 크게 깨닫는다면, 부처님이 그대 앞에 현신하여 그대가 언제 성불할지 등의 미래를 예언할 것이다."

여러 모습을 나투다
감뽀빠는 여러 모습을 한 번에 나투는 이적을 보이기도 했다. 닥라 감뽀의 사람들은, 12월 열세 번째 날 감뽀빠가 라싸에 갔다고 보고한 일이 있는데, 14일에는 예불을 준비하고 15일에는 꽃 공양을 올렸으며, 16일에는 회향기도를 올렸고, 17일에는 닥라 감뽀에 경전들과 짬빠·버터·모피를 가져온 후 무사히 도착한 회향기도를 올렸다고 했다.

하지만 감뽀빠에게 많은 시주를 하는 게붐이라는 신도가 그와 같은 시간에 감뽀빠를 집에 초대했다. 그의 초대에 응한 감뽀빠는 14일날 예불 준비를 하고, 15일에는 꽃공양을 하고, 16일에는 회향기도를 했다고 말했다. 그리고 그의 일곱 시자 스님들과 함께 날아서 돌아갔다고 했다.

13일에 안거에 들어갔던 스님들은, 감뽀빠가 14일에 짱에 있는 스님들에게 명상 지도를 해주고, 15일에는 캄에서 온 스님들에게 법문을 해주었으며, 16일에는 위(Ü)에서 온 스님들에게 가르침을 주었다고 했다. 이들은 감뽀빠가 그들 곁을 떠난 적이 없다고 주장했다.

한편 감뽀빠의 시자 스님이었던 셸창·셰곰·강셍 그리고 곰빠 렝쩨는 스승인 감뽀빠가 법문을 한 일이 없으며, 안거처를 벗어나지도 않았고 공양물을 드신 적도 없고 계속 토굴에 계셨다고 말했다.

신통을 보이는 감뽀빠

어느 날 감뽀빠의 시자 곰빠 렝쩨가 감뽀빠에게 물었다.

"과거 성문승들은 삼매를 성취한 후 여러 신통을 보였는데 어떻게 한 것입니까?"

감뽀빠는 대답했다.

"올바르게 수행하면 요즘 사람들이라고 그런 성취를 못하리라는 법은 없다."

이 대화가 있은 후 어느 아침 곰빠 렝쩨가 감뽀빠의 방에 공양을 올리러 들어갔는데, 방 한가운데에 불이 활활 타오르고 있었다. 화들짝 놀란 그는 달려 나가 셸창을 비롯한 다른 스님들에게 빨리 오라고 소리 질렀다. 시자 스님들이 방에 다시 돌아왔을 때, 감뽀빠는 고요하게 법좌에 앉아 있었다.

또 어느 날은 곰빠 렝쩨가 법당에 등불 공양을 올리러 들어갔는데 법당이 물로 가득 차 있었다. '이게 무슨 일이야?' 라고 그는 생각했다. 그때 감뽀빠의 목소리가 들렸다.

"이리 오너라."

이렇게 말하며 감뽀빠는 물을 없앴다.

한 번은 곰빠 렝쩨가 감뽀빠에게 똘마 공양을 올리러 들어갔다. 그는 쬐(Chöd)의 가르침을 청할 참이었다. 그런데 감뽀빠의 모습은 보이지 않았다. 밖에 나가보았으나 여전히

187

스승의 모습은 보이지 않았다. 그때 감뽀빠의 목소리가 들렸다.

"왜 왔느냐? 이리 오너라." 그리고는 감뽀빠의 모습이 갑자기 법좌 위에 나타났다.

그림자가 없는 감뽀빠

어느 날 팍모 두빠가 로뻰 곰빠에게 말했다.

"감뽀빠 스승님께서는 그림자가 생기지 않는 걸 알아차렸는가?" 로뻰은 보지 못했다고 말했다. 그래서 그날 저녁 감뽀빠가 등불 앞에 서 있을 때 로뻰 곰빠는 자세히 살펴보았는데, 진짜로 그림자가 생기지 않았다. 다음 날 화창한 날씨에 햇빛 아래 서있는 스승에게 여전히 그림자는 생기지 않았다.

명상 수행을 강조하다

한 번은 게셰 걜와 충짱 쩬이 속으로 생각했다. '존귀한 스승께서는 초심자들에게 명상 수행만을 강조하시니 이들이 언제 교학을 배운단 말입니까?'

그날 저녁 충짱 쩬은 꿈에 온 산이 동굴로 변했는데, 동굴마다 귀하게 생긴 사리탑들이 빛을 뿜고 있는 것을 보았다.

많은 사람들이 탑들을 향해 절을 하고, 천신들도 탑들에게 귀의하고 있었다.

다음 날 아침 충짱 쩬은 자신의 꿈을 감뽀빠에게 아뢰려고 했으나 말을 꺼내기도 전에 감뽀빠가 말했다.

"대체로 교학을 중시하는 이들은 나를 싫어하고 경멸한다. 그대가 생각하는 초심자들이 바로 그 탑들이니라. 이 어린 출가자들이 바로 일체유정들의 귀의처인 것이다.

어떤 이들은 내가 불법을 쇠락하게 하고 있다고 비난하지만, 그대가 잘 관찰해 보면 불법의 가르침을 수행하는 이들은 미래에 널리 알려지게 될 것이다."

챠끄라삼바라로 변신하다

한 번은 갤곰 까르뽀가 감뽀빠에게 13본존의 챠끄라삼바라 수행에 대한 구전을 청했다. 감뽀빠는 청을 받아들이고 챠끄라삼바라의 진언을 하기 시작하자, 그의 입으로부터 빨간 빛이 나와 갤곰의 입으로 들어갔다. 갤곰은 굉장한 헌신을 느끼며 스승에게 큰 절을 올리기 시작했다. 갤곰이 절을 시작하자 감뽀빠는 네 개의 얼굴과 12개의 팔을 가진 챠끄라삼바라의 모습이 되었다.

일미一味의 경지

한 번은 루꼼이 감뽀빠에게 여쭈었다.

"스승님, 일미의 경지를 성취하면 몸·말 그리고 현상이 하나가 됩니까?"

그러자 감뽀빠는 기둥 사이로 손을 휘저으며, "이 손이 공간의 제약을 받지 않는 것처럼 몸·말 그리고 모든 현상이 하나가 된다"고 말했다.

천수관음의 모습을 보이시다

한 번은 곰빠 로되가 종이 10만 장을 공양으로 올리며 감뽀빠를 친견하고자 했다. 친견실에 들어서자 천수관세음보살이 있었다. 곰빠 로되는 시자들에게 훌륭한 불상을 누가 만든 것이냐고 물으며 감뽀빠 대사가 어디 계신지 물었다. 의아하게 생각한 곰빠 렝쩨는 다시 스승의 방으로 안내했는데 감뽀빠는 관세음보살상이 있던 자리에 앉아 있었고 불상은 보이지 않았다.

자유자재하게 움직이시는 감뽀빠

한 번은 안거 중인 수행자들이 모두 모여 감뽀빠에게 공양을 올리려고 했다. 큰 법좌를 만들고 차와 음식을 장만했다.

곰빠 세손은 대사님을 모시러 갔다. 감뽀빠는 법을 설할 때 걸쳐 입는 노란색 가사를 주고 먼저 가라고 했다. 곰빠 세손은 감뽀빠 방 밖에서 기다리고 있었는데 법당을 보자 이미 대사님은 법좌에 앉아 있는 것이 아닌가!! 수행자들은 그에게, "스승님의 가사를 들고 먼저 와 있었어야 하지 않은가?"라고 말했다.

부처님으로 변모하시다

한 번은 곰빠 라마가 감뽀빠에게, "초지 보살에 들면 삼천대천 세계를 한 티끌 안에 다 넣는 이적을 보일 수 있다고 하는데 티끌은 커지지도 않고 법계가 작아지는 것도 아니라고 합니다. 얼마나 놀라운 일인지요!"라고 말했다.

감뽀빠는 대답했다.

"그것이 법계의 본성이다. 어떤 것도 가능하다. 작은 인간의 눈이 법계 전체를 볼 수 있고, 작은 거울 조각이 말과 코끼리를 비출 수 있다. 작은 종지가 달을 담을 수 있다. 나를 보라!"

라마 곰빠가 감뽀빠를 보자, 커다란 닥라 감뽀 산 만한 모습으로 변했는데도 다섯 명이 겨우 들어가는 방 안에 있었다. 방은 커지지도 않았고 감뽀빠가 나툰 부처님 모습 또한 작아지지도 않은 상태였다.

하늘을 날다

일식이 있었던 어느 날 수천 명의 수행자들은 감뽀빠가 사원 위를 날며 보병에서 감로수 뿌리는 것을 보았다.

탱화를 가피하는 감뽀빠

꾜곰이 하루는 자신의 어머니를 위해 오방불의 탱화를 그려 스승이신 감뽀빠에게 가피를 청했다. 감뽀빠는, "이 향을 사르고 만다라 공양을 올리도록 하라"고 말했다.

그런 다음 부처님의 모습으로 화하여 살상투로부터 빛을 방사하자 탱화로 빨려 들어갔다. 하늘에서 종소리와 다마루 북소리가 들리고 산개와 깃발 등이 나타났다. 징소리가 나고 하늘에선 꽃이 내렸다.

꾜곰이 보고 놀라워하자 감뽀빠는, "신속히 정화한다는 것은 이렇게 하는 것을 두고 하는 말이다"라고 했다.

감뽀빠에게 가피를 입은 제자들

라지곰께는 감뽀빠의 이름을 듣는 것만으로 수행 성취자가 되었다. 갸솜 돌셍의 경우는 감뽀빠를 직접 만나지 않았는데도 감뽀빠에 대한 헌신과 만다라 공양만으로도 수행 성취자가 되었다. 남빠 펜네 등 무수히 많은 제자들이 감뽀빠를 보는 것만으로 선정을 성취하기도 했다.

물 위로 건너다

답끼 짜리로 향하던 감뽀빠는 왼손에는 염주를 돌리고 오른손으로는 물의 상징 수인을 하며 명상 좌복에 앉아 강을 건넜다.

사원을 가피하는 감뽀빠

감뽀빠가 데구 산에 있을 때 지역 영주 하곰이 그곳에 있는 사원에 하나 가피를 내려달라고 말했다. 감뽀빠는 꽃을 던져 법당으로 빨려 들어가게 했다. 그때 의식용 보병은 공중에 떠 있었고 감뽀빠는 햇빛에 가사를 걸어놓았다. 영주 하곰과 그곳에 모인 이들은 감뽀빠를 사비관음의 모습으로 보았다.

해골의 모습을 보이다

옌풍의 동굴에 있을 때 감뽀빠가 하루는 시자 렝쩨에게 며칠 동안 묵언하라고 말했다. 이 기간 동안 감뽀빠는 벽을 마음대로 통과해 다녔으며, 호랑이를 타고 오른 손에는 칼을, 왼손에는 해골 잔을 들고, 왼쪽 어깨에는 삼지창을 든 커다란 해골의 모습으로 나타났다.

분신을 나투다

한 번은 3일 동안 동굴에 머물렀는데 뒤꿈치를 붙이고 서서 머리 위에 엄지손가락을 쥐는 수인을 했다. 그러자 첫날 밤에는 7개의 분신이 생겼고 둘째 날에는 14개, 셋째 날에는 동굴에 분신이 가득 찼다가 다 사라졌다.

지식호흡止息呼吸에 통달한 감뽀빠

감뽀빠는 하루에 한 번의 들숨과 날숨을 쉬고 지낼 수 있었다. 제자들 중 기초 수행의 가르침을 받아야 하는 이, 수행에 장애가 있는 이, 성취가 약한 이나 불법을 더 깊이 이해해야 하는 이들 모두 단지 똘마와 만다라 공양을 올리고 요가행법을 하는 것만으로도 원을 모두 성취했다.

이렇게 감뽀빠는 생각할 수도 없고 표현조차 되지 않는 공덕을 갖추었고, 육신통을 통달했었다. 그리하여 다양한 방편으로 과거·현재·미래의 여러 중생들을 근기와 성향에 맞게 도와주었다.

[20] 감뽀빠의 대열반

윤회계에서 자신의 삶이 끝나가고 있음을 안 감뽀빠는 제자들에게 말했다.

"나는 불법을 드높이기 위해 노력했고 눈 먼 중생들을 위해 지혜의 등불을 밝히려 했다. 이생에서 제자들을 위한 나의 일은 마쳤고 미래의 법손들을 위해서는 여러 논서들을 남겨 놓았다. 내가 이생을 떠나더라도 '스승님께서 떠나셨구나!'라고 생각하지 말거라. 나의 마음은 삼세제불보살들의 마음과 하나이니라. 나는 모든 곳에, 모든 형태로 존재한다. 나의 법손들이 나에게 의지하여 수행하면, 나는 그를 반드시 보호하고 끝내는 윤회계와 삼악도에서 구해줄 것이다. 그러니 제자들아, 슬퍼하지 말거라.

혹 미래 법손 중에 '아 나는 감뽀빠 스승님을 뵈지 못했구나'라고 생각하는 이들이 있다면, 그런 법손들은 나의 『해탈보장론』과 「승도보만론」을 공부하면 된다. 나를 만나 직접 가르침을 받는 것과 전혀 다르지 않으리라. 불법을 공부하고 수행함에 있어 어려움을 겪을 때, 나에게 기도하고 간청하면 내가 반드시 가피하여 주리라."

닥뽀에서 온 약사 비구, 위대한 지금강불 · 법왕 감뽀빠 쐬남 린첸은 생사를 뛰어넘었으나, 무상함의 진리를 보여주기 위해 물새의 해(1153) 6월 15일 77세로 열반했다.

그때 많은 기적 같은 현상들이 일어났는데, 하늘에는 무지개가 가득했고 일산日傘과 승리의 깃발들이 날렸으며 꽃비가 사방에 내렸다. 천상의 아름다운 음악이 울려 퍼져 모든 이들이 들었으며 향기로운 냄새가 모든 지역에 퍼졌다.

그달 18일에 꽉모 두빠는 공식적으로 스승이신 감뽀빠의 다비식을 치뤘다. 닥라 감뽀 사방에서 사람들이 다비식에 참석해 파란색 비가 하늘에서 내리는 것을 보았다. 불을 붙이자 땅이 흔들리고 오색 빛의 연기가 피어올랐으며 음악소리가 들렸다. 이러한 현상은 닥뽀 전 지역에서 목격되었다.

불이 다 탄 후, 자비심의 상징인 심장과 가르침의 상징인 혀가 타지 않았으며 여러 귀한 사리들이 남아 있었다. 3일장을 치룬 후 모인 사람들은 모두 헌신의 대삼매에 들어 음식도 잠도 필요 없이 앉아 있었다. 깜뽀빠의 대자비심으로 그와 법연이 있는 이들은 모두 불도佛道에 들어섰다.

이렇게 위대한 법왕 깜뽀빠의 삶은 막을 내렸다. 그의 일생은 1600여 년 전 석가모니 부처님의 예언을 성사시킨 사건이었으며, 많은 예언서들이 그의 출생과 불사를 예언했다. 그의 불사는 지금까지도 밝게 빛나며 많은 중생들을 인도하고 있다.

■ 맺음말

  스승님께서 이 땅에 남긴 위대한 지혜와 자비의 광명은 대단했다. 대사의 청정한 선례와 대자비한 가르침의 가피로 인해 감뽀빠의 법맥은 그의 열반과 함께 사라지지 않고 올바르고 수승한 법기들에게 전수되었다.
  그의 수승한 법제자들에는 네 명의 최고 수제자인 팍모 두빠・뒤숨 켄빠, 그의 조카 로뽄 곰췰 그리고 로뽄 곰충이 있었고, 위대한 네 명의 제자에는 라마 쉬리 팍빠・셀곰 예셰 닝뽀・요기 최중 그리고 남쩽 예셰 닝뽀가 있었다. 가까운 제자로는 담빠 켈뽀・갸짜 래빠・조세 라약빠・닥뽀 될진・갈곰 까르뽀 그리고 여섯 명이 더 있었으며, 가까이에서 모신 시자에는 조덴 렝쩨・창계 셀창 그리고 바롬빠가 있었다.
  캄에서 온 요기 우세는 감뽀빠의 열반 전에 닥라 감뽀를 떠났다. 후에 스승께서 열반하셨다는 소식을 듣고 닥라 감뽀에 돌아왔을 때 감뽀빠가 하늘에 나타나신 것을 보았다. 우세는 감뽀 녜낭으로 만행하여 스승의 예언대로 몽중요가로 50세에 깨달음을 증득했다.

그가 깨달음을 얻은 순간 수많은 다키니들이 모여 그들의 머리카락으로 흑금강관을 만들어 그에게 선사했다. 선업 자량이 많은 이들 눈에는 아직도 깨달음의 상징인 이 흑모가 모든 까르마빠 환생자들의 머리에 보인다.

우세는 감뽀 녜낭에 18년 머물면서 사원과 선원들을 건립하고 많은 제자들을 두었다. 그의 깨달음에 대한 명성도 널리 퍼져 마음의 본성을 깨달은 지혜를 가리키는 의미로 뒤숨 켄빠, '삼세를 아는 이'라고 불리게 되었다. 후에 카쉬미르 지역의 빤디따 샤꺄 쉬리는 뒤숨 켄빠를 까르마빠, 즉 '불사를 행하는 이'라고 확인했다. 이는 석가모니 부처님께서 『월등삼매왕경』에서 예언하셨던 일이었다.

뒤숨 켄빠의 전승은 깜창 까규 혹은 까르마 까규로 알려지게 되었으며, 뒤숨 켄빠는 후에 모든 까르마빠들의 주석 사원이 된 출푸 사원을 지었다.

뒤숨 켄빠는 84세에 열반하기 전 그의 다음 생에 관한 편지 한 장을 남겼다. 13년 후 편지의 예언대로 그는 다시 환생하여 두 번째 까르마빠, 까르마 팍시로 나타났다. 이 전통은 티벳의 '뚤꾸' 제도(환생 스승 제도: 옮긴이 주)를 확립하는 계기가 되었고, 달라이 라마를 비롯한 여러 성취한 스승들이 이 전통을 따르게 되었다.

감뽀빠의 조카 닥뽀 곰빠 췰팀 닝뽀(곰췰)는 닥라 감뽀에 있는 감뽀빠 사원을 물려 받아 닥뽀 까규라 불리는 그의 전승을 이어갔다. 이 법맥은 후에 챌빠 까규로 알려지게 되었고, 곰췰 이후에 샹챌빠 유닥빠 쬔두 닥빠에 의해 계승되었다.

감뽀빠의 제자 바롬 다르마 왕축은 닥라 감뽀를 떠나 바롬 지역으로 갔다. 그곳에 정착해 법을 가르치고 수행을 지도하기 시작했는데 이 전승은 바롬 까규파가 되었다.

감뽀빠의 열반 후 캄에서 온 요기 도걜(도제 걜뽀)은 닥라 감뽀에 1년을 더 머문 후 감뽀빠의 예언대로 북쪽으로 향했다. 도걜은 꾼뚜상뽀라고 불리는 숲에 팍모두라는 곳을 발견했고 그곳에 사원을 건립했다. 도걜은 왕인 닥 카와의 후원을 받게 되었다. 팍모두에서 도걜은 8만여 명의 제자를 두었고, 그 중 500명은 '금산개를 가진 자'라고 알려진 깨달음의 경지에 오른 이들이었다. 그 후 도걜은 법왕 팍모 두빠로 알려지게 되었다.

팍모 두빠는 감뽀빠의 제자 중 가장 널리 법을 알렸다. 수많은 가르침을 중득한 그는 제자들의 근기에 맞게 가르침을 주었고, 그리하여 8명의 수승한 제자들로부터 8개의 전승이 새로 탄생했다. 따라서 팍모 두빠는 먼저 생긴 4개의 전승 중 하나인 팍두 까규의 개산조이면서 나중에 생기게 된 여덟 개의 법맥 디꿍・딱룽・링레(혹은 둑빠)・얍상・토푸・마르짱・옐빠・슉셉의 증산조가 되었다. 이 법맥들에서 수많은 위대한 스승과 마하싯다들이 나타났다.

감뽀빠는 수행의 근본을 다지기 위해 제자들에게 칠지수심요결七支修心了結과 같은 로종(修心冥想)과 불법으로 마음을 돌리는 사공가행四共加行 등과 같은 현교의 가르침을 까담파의 전승에 따라 가르쳤다. 이 바탕 위에 '나로육법'과 마하무드라 같은 최상승 수행을 가르쳤다. 감뽀빠는 이 두 전승의 가르침을 모든 제자들에게 전수했다.

따라서 모든 까규 법맥은 스승으로부터 까담파의 현교 가르침을 바탕으로 배우고 마하무드라의 지름길이라고 불리는 원만차제의 가르침인 나로육법을 전수 받아 깨달음을 얻는다. 그런 후 제자들의 성향과 근기에 맞게 여러 가르침을 편다. 이러한 전통에 따라 감뽀빠의 마하무드라 가르침 내에서도 몇 가지 다른 수행 전통이 생겼다. 예를 들어 '삼신의 본성을 깨닫는 행법'은 까르마 까규에서 선호하는 가르침이다. '마하무드라 오차제'는 디꿍 까규의 특색이며 '일미一味의 여섯(혹은 여덟) 가지 요소에 대한 가르침'은 둑빠 까규의 특기이다.

이 전승들은 오늘날에도 생생히 살아 스승으로부터 제자에게로 전수되어 지금강불로부터 현재까지 끊이지 않는 법맥으로 존재하고 있다. 이 전승들은 지적인 공부만이 아닌 수행을 통한 진정한 깨달음을 통해 전해지고 있다. 각 전승의 스승들은 자신의 스승으로부터 구전 가르침을 받고, 그것을 수행하여 깨달음을 얻은 후 대자비로 중생들의 이익을 위해 활동하고 있다. 전승 조사들의 지칠 줄 모르는 노력에 의해 가르침들이 지금까지 청정하게 전수되고 있는 것이다.

우리는 견줄 이 없는 법왕 감뽀빠 대사와 선대 조사들에게 많은 은덕을 입었다. 모든 중생들을 위한 이들의 발원은 그들이 이 땅에서 입멸한 후에도 지금까지 열매를 맺고 있는 것이다. 이들의 삶을 듣고 숙고하여 우리는 불도에 오르게 되며, 이미 불도를 가고 있는 사람들에겐 장애를 극복하여 정진할 수 있도록 영감과 감동을 준다. 그들이 한 생에 성불하여 모든 중생들을 위해 불사를 했던 것처럼 되기를 바라는 마음이 일어나는 것이다.

■ 간기 刊記

바다와 같은 근根 · 도道 · 과果가
반야지혜로 피어날 지어다.
불법을 융성하게 하고
까담파와 마하무드라 법맥을 하나로 회통한
비할 이 없는 감뽀빠 대사에게 예경하나이다.

부록 1

감뽀빠 대사의 수행체계: 마하무드라

잠빠 멕킨지 스튜어트

감뽀빠 대사는 티벳에 존재하던 여러 가지 수행 전승을 통합하고 발전시키는 데 중요한 역할을 했다. 그가 입적한 지 1000여 년이 지난 지금도 그의 천재적인 영향력은 티벳 불교의 출가 수행자와 재가불자들에게 미치고 있다.

감뽀빠는 매우 다른 두 가지 불교 수행체계의 법맥 소유자이자 성취자였다. 이 중 하나는 인도의 승려 아띠샤 존자께서 11세기 중엽 티벳에 전한 출가수행자 중심의 까담파 체계였고, 다른 하나는 역경사 마르빠를 통해 티벳에 전해지고 밀라래빠가 감뽀빠에게 전수한 인도 마하싯다들의 요기 중심의 수행체계였다. 감뽀빠는 해박한 지식과 수행 경험으로 이 두 가지 접근을 통합하여 새롭게 체계화했다. 감뽀빠 수행체계는 불법의 모든 가르침을 처음부터 끝까지 단계적으로 접근할 수 있게 통합되었다.

아띠샤 존자 가르침의 핵심은 람림, 즉 깨달음에 이르는 단계적인 접근(菩提道大第)이었다. 람림체계는 상위 수준의 밀교와 마하무드라 가르침을 받기 위한 바탕으로 소승과 대승의 현교 가르침을 탄탄히 하라고 강조한다. 람림에서는 사람들이 각기 다른 수준, 근기, 발원을 가지고 불도에 들어서게 된다고 본다. 람림체계는 윤회계의 고통과 불만족으로부터 벗어나고 싶다는 최초의 동기에서부터 모든 중생들을 성불에 이를 수 있게 도와주겠다는 마음으로 수행하여 완전한 부처님이 되기까지의 과정을 점진적으로 인도한다.

람림 수행에서는 인간으로서의 삶의 조건에 대해서 명상하는 것으로 시작한다. 인생은 무상하며 확실한 것은 아무것도 없고 행복도 머무를 수 없으며, 변치 않을 것이라고 붙들 수 있는 것은 아무 것도 없다. 결국 죽음은 모든 이들에게 올 것이고 그 때는 가족도 친구도 재산도 무덤 속으로 가져갈 수 없다. 우리가 가지고 갈 수 있는 것은 다음 생들에서 언젠가 성숙하게 될 우리의 업의 종자와 몸·말·마음으로 저지른 선행과 악행뿐이다. 따라서 삶에 대한 책임감을 가지고 악행을 버리고 선업을 쌓으면서 살아야 한다. 이렇게 더 나은 조건의 삶 혹은 천신으로 태어나고 싶은 마음으로 발원하여 계율을 지키는 것으로 수행의 문을 삼는 길을 '하사도下士道'라고 부른다.

그럼에도 불구하고 우리가 선업을 행하고 더 나은 인간으로서의 삶이나 천신계에 태어난다고 하더라도 이러한 행복은 영원할 수 없다. 우리는 여전히 윤회계에 있으며 고통은 있을 것이다. 우리는 윤회계에 대한 모든 집착을 버리고 생사의 윤회에서 벗어나고자 한다면 수행을 해야만 한다.

인간이라는 조건이 수행을 하기에는 가장 효과적이다. 만약 우리가 수행을 성취할 수 있는 기회(有暇)와 조건(圓滿)을 갖추고 있다면, 우리는 이 삶을 소중하게 생각하고 낭비하지 말아야 한다. 이 수준에서의 수행은 분석적인 명상을 통해 앞서 기술한 윤회계의 고통과 인간으로서의 삶을 진솔하게 돌아보는 것이다. 이러한 분석을 통해 수행자는 윤회계를 떠나겠다는 확고한 결심을 하게 된다. 그래서 계율을 수지하여 지키고 악행을 멀리하며 선업을 쌓는다. 또한 삼보三寶에 귀의하여 영원한 행복에 이르기 위한 의지처로 불・법・승을 모신다.

이 단계에서의 명상 수행은 인생무상과 죽음, 인간 삶의 소중함, 업과 인과응보, 윤회계에 대한 사색 혹은 분석적인 명상이 포함된다. 이 네 가지는 '불법으로 마음을 돌리는 네 가지 생각'으로 알려져 있으며, 기초 예비수행의 사공가행이라고도 불린다.

또한 수행자는 계율(戒)과 명상(靜)과 지혜(慧)를 배우게 된다. 명상 수행의 기초적인 두 가지는 사마타와 위빠사나이다. 사마타는 마음을 고요히 하고 명징하며 집중된 상태에 이르기 위한 9단계로 이루어진다. 일단 마음이 흔들림 없이 집중이 되면 마음과 제법의 본성에 대한 반야지혜를 개발하기 위한 분석적 명상인 통찰 명상을 하게 된다.

이 두 가지를 성취하면 수행자는 8가지 선정을 개발하거나 공성(空性)을 관하기 위한 수행을 시작할 수 있다. 이러한 수행의 결과는 아라한과나 연각의 경지이다. 이 단계 수행의 성취는 '중사도(中士道)'라고 부른다. 이 단계에서의 성취는 가장 높은 수준의 깨달음은 아니라고 보는데 개인의 해탈은 이루지만 완전한 부처님이 되는 성불은 아니기 때문이다. 이 단계까지가 소승적인 수행이다.

더 근기가 수승한 수행자들은 보리심, 즉 법계의 모든 중생들이 깨달음에 이를 수 있게 돕고 싶다는 이타적인 마음을 개발하기 위해 수행한다. 이들은 다른 중생들이 미혹의 거미줄에 잡혀 있는데 자신의 행복만을 위해 윤회계를 떠난다는 것은 있을 수 없는 일이라고 생각한다. 이 단계의 수행자들은 보살계를 수지하고 속제의 보리심과 진제의 보리심을 닦는다.

속제의 보리심은 두 가지로 나눌 수 있다 다른 중생들을 돕고자 하는 발원을 다지는 원願보리심과 육바라밀을 통해 실제로 중생들을 이롭게 하는 행行보리심이다.

속제의 보리심과 진제의 보리심은 육바라밀을 닦는 수행 안에 포함된다. 앞의 다섯 가지 바라밀(보시·지계·인욕·정진·선정)은 속제의 보리심이면서 행보리심 수행이다. 아직까지는 자타의 구분을 전제로 다른 중생을 이롭게 한다는 틀에 묶여 있기 때문에 속제의 보리심이라고 한다. 이 다섯 가지 바라밀을 닦는 것을 '복덕 자량을 쌓는다'라고 표현하기도 한다.

여섯 번째 바라밀인 지혜 혹은 반야바라밀은 자타를 넘어선 공성을 깨닫는 것이다. 반야바라밀을 닦는 것은 '지혜 자량을 쌓는다'라고 표현한다. 육바라밀은 반드시 순차적으로 수행해서 발달하는 것은 아니다. 지혜와 복덕은 함께 성취해 가게 된다. 성불에 이르는 보살지의 각 단계는 바라밀들을 얼마나 완전히 성취했는가에 의해서 가늠하게 된다. 이것이 대승의 정수인 것이다.

대승의 현교 가르침에 대한 기초가 탄탄히 갖추어지고 나면 금강승의 수승한 방편의 길을 닦을 수가 있다. 깜뽀빠의 전승에서는 웅왼도(Ngondro)라고 불리는 예비수행에서 시작한다.

예비수행은 네 가지 가행으로 구성된다. 첫 번째는 귀의 발보리심으로 스승과 전승 법맥 조사들의 모습을 자신 앞에 관상하고 전신투지 큰절을 하면서 귀의문을 염송한다. 귀의 발보리심 수행은 금강승 수행에 대한 신심과 헌신을 증장시키고 성취의 장애들을 제거한다.

두 번째는 금강살타 수행이다. 여기에서는 본초불인 금강살타를 관상하면서 그의 백자명진언을 염송한다. 본 수행에서 수행자는 악업과 죄업, 파계 행위 등을 참회하고 금강살타로부터 정화 감로수를 받는다. 이때 모든 죄업들이 정화되고 병마들이 씻겨 나간다고 관상한다. 이렇게 정화된 상태에서 금강살타의 관상을 자신에게 섭수하고 자신이 금강살타로 변화되었다고 여긴다. 본존불의 모습으로 자신을 관상하고 진언을 염송하며 모든 현현하는 현상을 공성과 하나라고 명상하며 수행자는 몸·말·마음의 습기들까지 정화하고 부처님의 신구의 삼문을 성취하는 종자를 심게 된다.

세 번째 수행은 만다라 공양이다. 만다라 공양에서는 모든 것을 원만히 구족한 우주 법계가 자신의 것이라고 관상한다.

그리고 나서 법계를 상징하는 만다라를 귀의의 대상이 되는 이들에게 감사의 마음으로 공양 올린다. 이렇게 함으로써 재물에 대한 집착을 버리고 보시의 마음을 기르며 성불에 필요한 법연을 맺을 많은 자량과 공덕을 쌓는다.

네 번째 예비수행은 구루요가(上師相應法)이다. 구루요가에서는 지금강불의 모습으로 자신의 스승을 관상한다. 스승에게 간청을 올리자 스승의 네 개 챠끄라 위치에서 빛이 나와 상응하는 자신의 네 개 챠끄라 위치로 섭수되어, 가피를 입고 관정을 받고 장애가 제거되고 깨달음의 종자를 심게 된다고 관상한다. 그런 후 스승이 빛으로 화한 후 자신에게 섭수된다고 관상한다. 자신의 스승을 완전히 깨달은 부처님으로 봄으로써 큰 헌신을 일으키고 자신과 하나 되는 관상을 통해 자신의 불성 또한 깨우게 된다.

일반적으로 각 예비수행을 10만 번씩 했을 때 완료했다고 여긴다. 하지만 예비수행의 목표는 의식문을 10만 번 염송하는 것이 아니고 성취의 질을 높이는 것이다. 또한 예비수행을 완료한 후에도 무상요가 탄트라 수행의 전행(前行)에 포함되어서 수행하게 된다.

예비수행을 완료하면 관상하는 기술과 공성에 대한 기초적인 명상에 익숙해졌을 것이다. 이 단계가 되면 좀 더 심오한 구루요가 수행을 하게 되는데 이를 외부·내부·비밀 구루요가라 한다. 모든 까규 법맥에서는 마르빠·밀라래빠·감뽀빠의 구루요가가 포함된다. 여러 까규파에서는 법맥의 개산조들을 포함해서 하게 된다. 예를 들어 까르마 까규 법맥은 까르마빠를, 디꿍 까규에서는 직뗀 숨괸에 대한 구루요가를 한다.

따라서 구루요가는 마하무드라에서 예비수행이기도 하면서 주수행이기도 하다. 모든 전승 조사들은 스승과의 청정한 법연을 맺고 꾸밈 없는 헌신을 기르며 스승의 가르침대로 수행하게 되면, 강물처럼 흐르는 법맥의 가피를 입게 되고 마하무드라의 깨달음이 장애 없이 자연스럽게 성취될 것이라고 강조한다. 하지만 자격 있는 스승에 대한 진정한 헌신 없이는 깨달음에 이르는 것은 거의 불가능하다고 했다. 사라하는 「여왕송女王頌(Queen Doha)」에서 말했다.

> 오직 고귀한 스승만이
> 만법과 공성이 하나임을
> 깨닫게 해 줄 수 있네.
> 최상승의 고귀한 스승은 백조에게 물과 같다네.
> 깊은 헌신으로 예경을 올릴지어다!

이어지는 수행의 단계는 본존요가에 집중한다. 깨달음을 상징하는 본존의 형상으로 자신을 관상한다. 감뽀빠의 까규 법맥에서 강조하는 본존은 바즈라요기니(金剛亥母)와 챠끄라삼바라(勝樂金剛) 그리고 헤바즈라(喜金剛)이다.

금강승 수행을 단계적으로 밟아감에 따라 수행자는, 강한 신심을 개발하고 장애를 정화하며 엄청난 복덕자량을 쌓고 꾸밈 없고 흔들림 없는 헌신을 기르게 된다. 그리하여 부정적인 습기가 약해져 지혜가 서서히 드러나게 된다. 이렇게 되면 전승 법맥의 스승으로부터 직접 가피의 가르침과 전수를 받을 준비가 된다. 수행자의 몸·말과 마음은 마음의 본성, 마하무드라라고 하는 궁극의 깨달음이 꽃필 수 있는 비옥한 토양이 된 것이다.

본존요가·관상·진언·수인·상징·지식호흡법과 의식 등의 수행법을 사용하면 부처님에 이르는 성취의 진전이 가속화 된다. 이러한 이유로 밀교는 흔히 '지름길'이라는 표현을 쓴다. 산으로 올라가는 지름길처럼 수행자는 꼭대기에 더 빠르고 직접적으로 도달할 수 있지만 더 가파르고 위험하다. 탄탄한 기반이 없으면 밀교의 가르침은 오용되기 쉽다. 사실 티벳에서도 아띠샤 존자가 도착하기 전까지 그러한 현상들이 있었다. 그래서 아띠샤 존자께서는 가까운 제자들에게만 밀교의 수행법을 전수했다. 또한 출가수행을 불법수행의 바탕으로 강조했었다.

감뽀빠는 산 속에 사는 수행자 밀라래빠의 제자가 되기 위해 사원을 떠날 때에는 이미 까담파의 전통에 따라 소승과 대승 그리고 하부 탄트라에 대한 기초가 탄탄한 상태였다. 밀라래빠의 마하싯다 전통은 까담파에 비해서 매우 압축적이고 핵심적인 편이었다. 소승과 대승의 정수를 담고는 있었지만 경전에 대한 교학적인 공부는 매우 적었다. 대신 명상 수행을 통해 마음의 본성을 직접 체득하는 것을 매우 강조했고, 원만차제 수행의 방편을 이용해 범부의 신구의를 부처님의 신구의로 변환하는 것을 중요시했다.

마하싯다들이 수행한 나로육법과 같이 기맥 풍기를 이용한 요가 행법은 마하무드라의 깨달음을 신속하게 얻기 위한 내면의 연금술과 같은 것이었다. 이들 행법은 무명의 껍질을 풍기 수준에서 융해하여 무명의 업식을 지혜의 의식으로 바꾸는 과정이다. 이때 마음의 본성이 드러나면서 분별심에 의한 깨달음이 아닌 직지인심直指人心의 경험을 하는 것이다.

수행법들의 궁극적인 열매이자 또한 과정은 바로 성불과 같은 의미인 마하무드라를 깨닫는 것이다. '대인大印' 혹은 '고귀한 상태'라는 뜻의 마하무드라는 부처님의 자재한 전지全智

와 무량한 대자비의 모습이라고 할 수 있다. 마하무드라는 여러 가지로 묘사된다. "만법이 하나임을 깨닫는 궁극의 신비를 성취한다, 진제의 비이원성을 보다, 정광명, 비밀한 알아차림, 개아個我가 법계로 융해되다 등. 부처님의 깨달음은 자기 희생을 통한 이타행, 광대한 동사섭同事攝이라고 할 수 있다. 결국은 사랑이다."

최상승 마하무드라 수행의 단계는 흔히 '마하무드라의 네 가지 요가'로 표현된다. 각각의 단계는 또한 낮은 성취, 중간 성취, 최상승 성취로 구분되어 '마하무드라의 12단계'로 표현되기도 한다.

첫 번째는 '일념의 요가'로 마하무드라 수준의 사마타 수행을 성취하는 단계이다. 번뇌가 떠오를 때마다 대치법을 쓰는 소승의 사마타 수행이나 모든 집착을 여의는 대승의 수행과는 달리 마하무드라 사마타에서는 사념을 억누르지도 일으키지도 않은 상태로 삼매에 든다. 대신 생각이 일어나고 사라지는 바탕을 고요히 관찰하면서 궁극적으로는 분별망상들이 법신의 현현顯現임을 깨닫게 된다.

마음을 흔들림 없이 집중할 수 있는 능력 없이는 어떠한 깨달음도 순간적일 뿐이다. 감뽀빠는 이 단계의 수행에 관해 다음과 같은 조언을 남겼다.

구름 없는 하늘처럼 마음이 머물게 하라!
파도 없는 바다처럼 마음이 머물게 하라!
바람 없는 등불처럼 마음이 머물게 하라!

성취의 표시는 지복감·명징함 그리고 사념이 사라지는 것이다. 하지만 수행자는 이러한 명상적 체험에 집착하거나 이를 궁극적인 깨달음이라고 여겨서는 안 된다. 이러한 경험은 해가 뜨기 직전의 첫 번째 빛과 같은 것이다.

다음은 '무념의 요가'로 마하무드라 수준의 위빠사나, 관법觀法 수행을 하는 단계이다. 이 단계에서는 아상我相의 뿌리를 뽑아 자타의 공성을 깨닫는다. 일어나는 만법이 청정하고 꾸밈이 없는 상태라고 보게 된다. 일어남도 사라짐도 없는 현상계의 비이원성을 깨닫고 만법의 어떠한 것도 자성이 없음을 직접 본다. 이 깨달음을 증득하면 초지부터 칠지까지의 보살지를 성취하게 된다.

다음은 '일미의 요가'이다. 수행자가 이 단계가 되면 바깥 경계와 마음의 구분을 더 이상 지각하지 않는다. 다양한 만법의 현현이 하나임을 경험하면 집착하고 거부하는 모든 마음이 융해된다. 수행자는 모든 생각을 법신불로 보게 되고 윤회와 열반이 하나임을 알게 된다. 모든 번뇌와 미세한 장애들이 사라지지만 극도로 미세한 소지장所知障은 아직 남아 있는 상태다. 일미의 요가를 성취하는 것은 팔지부터 십지 보살의 단계에 해당한다.

   궁극의 마하무드라는 꾸밈없이 지속적으로 마음의 본성을 경험하는 것이다. 가장 미세한 장애도 걷히고 마침내 부처님의 경지에 오른다. 이 마지막 깨달음의 단계가 '무상無上의 요가'로 어떠한 형태의 수행 없이도 마하무드라 깨달음의 상태에 머무는 것이다. 이 때는 고급 단계의 수행을 하려는 의도 자체가 깨달음에 방해가 된다. 그래서 밀라래빠는 감뽀빠와 헤어지는 장면에서 이러한 가르침을 주었다.

> 마하무드라를 수행할 때
> 일과 의식을 하느라 분주하지 말거라.
> 몸과 말로 선업을 행하느라 분주하지 말거라.
> 분별없는 지혜가 사라질까 걱정되는구나.
> 아들아, 꾸밈없는 마음의 본성에 머물러라.
> 위에서 온 승려야, 이해하겠느냐?

   감뽀빠는 네 가지 요가를 다음과 같이 요약했다.

투명하고 막힘없는 정념이
일념의 요가.

이 정념의 본성이
실재와 환영의 사념을 넘어선
일어남 없는 공성임을 이해하는 것이
무념의 요가.

만법의 현현
그 본성은 하나임을 아는 것
그것이 일미의 요가.

현공일여顯空一如의 깨달음이
끊임없이 일어나는 것이
무상의 요가의 대삼매이니라.

이것이 과果 마하무드라이다. 수행자는 마음의 본성이 법신불이요 공성임을, 마음의 현현이 보신불, 정광명임을 그리고 마음의 드러난 행위가 응신불, 막힘없는 자비라는 것을 깨닫는다.

최상승 마하무드라 가르침은 원래 금강승 관정을 받고 수행에서 상당한 성취를 보이는 사람들에게만 가르쳤었는데, 감뽀빠는 많은 제자들에게 마하무드라 가르침을 주어 그 통념을 깼다. 그러나 감뽀빠도 우선 관정을 받지 않은 경우에는 가르치지 않았다. 감뽀빠가 마하무드라를 널리 가르친 근거는 현교와 밀교의 가교 역할을 한 것으로 여겨지는 세친보살의 『구경일승보성론(Uttaratantra Shastra)』이었다. 괴 로짜와는 감뽀빠가 관정 없이도 제자들에게 마하무드라의 체험을 일으킬 수 있었다고 기록하고 있다. 감뽀빠가 택한 이러한 가르침의 방식이 때로는 비판의 대상이 되기도 했지만, 한편에서는 상위 탄트라의 가르침을 받아 수행하고 지킬 수 없는 이들에게 마하무드라의 가르침을 열어준 자비행이라고 보고 있다.

감뽀빠 이후로 많은 출가승려와 수행자·재가불자들이 감뽀빠가 체계화한 마하무드라의 단계에 따라 수행했고 성취했다. 감뽀빠의 성취는 비상할 정도의 심오함과 교학적 이해를 보여주는 그의 저서들과 전승 법맥의 활력에서도 알 수 있다. 그의 법맥들은 지금도 온 법계의 중생들에게 지혜와 자비의 빛을 방사하고 있다.

부록 2

까규 전승의 역사

롭상 하룽빠 · 허정훈

01 서론

감뽀빠, 캄의 위(Ü) 지방에서 온 약사藥師 비구는 티벳의 위대한 요기 밀라래빠의 수제자였다. 감뽀빠는 까규 전승의 주요한 수행법이자 종풍이기도 한 마하무드라의 가르침을 전하는 법맥 조사에서 중요한 자리를 차지하고 있다. 마하무드라 전승의 오대五大 조사는 다음과 같다.

1. **띨로빠**(988~1069) 마하무드라 가르침의 원류.
2. **나로빠**(1016~1100) 나로육법을 통해 마하무드라 밀교 수행체계를 완성.
3. **마르빠**(1012~1097) 마하무드라의 전승을 티벳에 처음 전한 역경사.
4. **밀라래빠**(1052~1135) 한 생에 불과佛果를 이룬 대성취자.

그리고 다섯 번째가 밀라래빠의 태양 같은 제자이며 아띠샤의 까담파 가르침과 띨로빠의 마하무드라 가르침을 통합한 감뽀빠이다.

밀라래빠를 만나기 전 감뽀빠는 람림(Lamrim)에 따라 차제로 수행을 하는 까담파 사원에서 수행했다. 후에 밀라래빠의 이름을 듣고 그와의 법연을 느낀 감뽀빠는 여러 고난을 넘어 스승을 만난 후 그의 지도 아래 깨달음을 성취했다.

감뽀빠는 보리도차제를 다루고 있는 최초의 티벳 원전으로 알려진 『해탈보장론』을 지었으며 1125년 현존하는 대부분의 까규 전승의 원류가 되는 닥뽀 까규를 창시했다.

02 까규 전승의 역사

밀라래빠의 가르침에 따라 수행을 마친 감뽀빠는 티벳 남부 지역인 닥라 감뽀에 최초의 까규파 사원을 건립했다. 닥라 감뽀는 그 이후 티벳인과 히말라야 지역 불교도들에게 가장 중요한 성지 중 한 곳이 되었다. 감뽀빠는 까담파 사원을 자신의 새로운 사원의 표준으로 삼았고 그 후 모든 까규파 사원의 기본 틀이 되었다. 감뽀빠는 당신이 출가 비구라고 하여 계속해서 늘어나는 재가제자나 흰 무명옷의 '래빠'들 — 밀라래빠의 삶을 따라 산 속에서 명상 수행만 일관하는 이들 — 에게 개인적으로 지도를 해주고 가르치는 것을 등한시 하지 않았다.

감뽀빠는 그의 통합적인 수행 배경을 활용해 불법을 선양했다. 감뽀빠는 보리도차제라고 알려진 까담파의 가르침과 보리심을 일으키는 수심명상修心冥想(lojong)을 까규 승원의 정규 교육에 편입했다. 수심명상은 대승 불교의 핵심인 보리심을 개발하기 위한 수행법으로 속제俗諦의 수준에서는 행과 원 보리심을 그리고 진제眞諦의 수준에서는 반야지혜를 기르도록 구성되어 있다.

감뽀빠는 자신의 까규파 수행체계인 마하무드라를 구전과 저서를 통해 전파했는데 그의 저서로는 『해탈보장론』(닥뽀 탈첸)과 『네 가지 불법의 가르침(닥뽸 쵀시)』 등이 있다. 이들 저서에서 감뽀빠는 부처님의 가르침과 마하싯다들의 가르침을 모두 담아내었다.

마하무드라는 보통 중국이나 일본의 선종과 비슷한 것으로 보곤 한다. 두 체계 모두 수행을 중요하게 생각하고 마음과 실상을 직접 보고 즉각적으로 깨닫는 방법을 가르친다. 마하무드라(착첸)와 마하삼빤나(족첸)의 근원은 반야바라밀경과 무상요가 탄트라이다.

까규 전승
까규파는 11세기에서 12세기 사이 티벳에서 생겨났으며,

티벳의 불교 개혁 운동에 힘 입어 확산되었다. 9세기에 있었던 불교 탄압과 사원의 파괴는 75여 년간 티벳을 암흑기로 몰아넣었다. 836년, 랑다르마는 그의 동생이며 법왕이었던 티랠빼쩬을 살해하고 왕위를 차지했다. 그는 복수의 일환으로 철저하게 종교를 탄압했다. 하지만 머지않아 랑다르마 왕 자신도 불교 승려였던 하룽 뺄도르에게 842년 폐위당했다. 이 사건으로 인해 왕실 형제 간의 다툼이 생겼고 왕자들이 지방으로 도피하는 상황이 발생했다. 그리하여 중앙집권적 지배체제로서의 티벳은 끝나고 지방 유지들과 군소 영주들의 시대가 열렸다.

하지만 이러한 정치적인 혼란이 오히려 불교의 개혁에는 좋은 조건이 되었다. 탄압을 피해 있던 불교도들은 조용히 개혁의 활로를 닦고 있었다. 동부와 서부 외곽 지역에서는 사원들이 체제를 정비하고 있었으며, 8세기 무렵 발생한 가장 오래된 밀교 법맥인 닝마파가 다시 부활하고 있었다. 머지않아 토속 종교였던 뵌교 추종자들의 특별한 저항 없이 지역의 불교 법사들이 각자 다른 전승의 개산조들이 되기에 이르렀다.

까규파는 불교의 개혁과 부흥에 많은 기여를 했다. 이러한 성과를 낼 수 있었던 것은 안정적인 사원들과 환생 스승의 제도화 그리고 동굴에서 명상을 하는 수행자들 때문이었다. 까규파의 스승들과 문학가·시인·예술인들은 티벳 종교와 문화의 발전에 중요한 역할을 수행했다.

까규파 전승은 독립적으로 기능하면서도 공통의 역사와 법맥에 충실한 사원들의 집합을 가리키는 광범위한 명칭이다. 마치 하나의 줄에 엮인 염주와도 같다. 이러한 특성은 후대에 발생한 겔룩파와는 매우 대조적인 특성으로 겔룩파의 경우는 일관된 특성과 제도를 지니며 기능적인 유사성을 가지고 있다. 마치 현악기의 여러 줄과 같다고 볼 수 있다.

까규파라는 말은 '비밀 구전 전승을 따르는 이들'이라는 뜻이다. 까는 '구전 가르침'을 말하며 규는 '전수'라는 의미를 가지고 있다(원래 구전은 스승과 제자 사이의 일대일 전수로 제한되어 있었다). 파란 '따르는 이'라는 뜻이다. 때로는 까(티벳어로 bKa)를 까르(티벳어로 bKar)라고 표기했는데 이는 '하얀 색'이라는 뜻으로 밀라래빠가 입었던 흰색 무명옷에서 기원한 말이다.

까규파의 사원들이 늘어남에 따라 티벳 전역에 까규의 가르침을 따르는 재가불자도 늘어났다. 까규 전승 역사의 초기에는 사대팔소四大八小의 전승이 있었다. 까규의 하위계파들 역시 다른 전승처럼 티벳의 스승들이 개산조였다. 각각의 계파들은 개산조의 성향과 그에 따른 가르침의 형태에 영향을 받았다. 초대 조사가 가르친 독특한 수행 방식을 제자들에게 전수함으로써 각 계파의 독특한 전통 또한 유지되었다.

까규파의 밀교 가르침은 인도 대륙의 떠돌이 수행자이자 스승이었던 마하싯다들이 그 직접적인 원류라고 할 수 있다. 마하싯다들은 그들의 지혜와 신통 그리고 물질과 개인 안위를 완전히 끊은 성취로 유명했고 또한 존경을 받았다. 때로는 이들을 '미친 요기(수행자)'라 부르곤 했는데 그들의 비전통적이며 재치와 지혜가 넘치는 행동 그리고 관습에 얽매이지 않는 자유분방함 때문이었다. 이들의 인생 전기와 오도송悟道訟(doha)들은 사회제도와 사람들의 타락과 미혹을 되돌아보게 했다. 티벳의 비전통적인 요기들 중 가장 유명한 이가 둑빠 꾼레라는 수행자였다. 1455년에 태어난 그는 115살까지 살았다고 전해진다.

인도 마하싯다들 중 주요 조사로는 띨로빠・마이뜨리빠・나로빠・샤와리빠 등으로 이들은 모두 10세기에서 12세기 사이의 사람들이다. 이들은 다른 조사들과 더불어 '가피 충만한 깨달음에 이르는 수행의 법맥'을 형성하고 있다. 더 초기로 거슬러 올라가면 위대한 아상가(세친)・사라하 그리고 나가르주나(용수) 등이 포함되며 이 계보는 석가모니 부처님까지 거슬러 올라간다.

까규파들은 이 가피 법맥의 티벳 조사들을 매우 존경한다. 감뽀빠와 더불어 까규파들은 대부분 마르빠와 밀라래빠에 대한 신심이 각별하다. 이들 세 조사는 11세기에서 12세기 사이 티벳에서 까규 전승을 확립한 거봉들이다. 딱룽 까규파의 개산조였던 웅아왕 남걀 딱룽(1140~1210)은 다음과 같이 까규파 전승에 대해 요약했다.

요컨대 까규파들은 아라한승(소승)의 열반에 이르고자 하는 열망, 보살승(대승)의 동기인 자비 그리고 비밀진언승(금강승)의 강력한 헌신, 이 세 가지를 그 근본으로 삼는다.

또한 까규 전승을 이어온 수행자들은 까규의 독특한 수행체계를 소중히 생각한다. 예를 들어 마르빠와 웅옥(Ngok)이 소개한 탄트라의 구전 가르침, 밀라래빠의 정진력, 감뽀빠의 진리에 대한 명료한 가르침 등을 보존하고자 했다. 수행자들에게 있어 중요한 것은 모든 가르침들을 완전히 체득하고 자신의 불성과 법신이 둘이 아님을 깨닫고 제법이 모두 같은 성품을 지녔다는 것을 아는 것이라고 하겠다.

주요조사

마르빠(1012~1097)는 티벳 까규 밀법의 개산조이다. 마르빠는 높은 성취를 이루었으며, 제자들의 숨겨진 선근과 근기를 꿰뚫어 보는 통찰력을 지니고 있었다. 그는 공식적인 불학원(佛學院)이나 사원을 세우지 않았지만, 자신의 집을 개인지도를 위한 선원처럼 사용했는데, 이러한 방식은 티벳에서 흔히 있는 관습이었다. 일반적인 가르침 외에도 마르빠는 제자들에게 여러 중요한 관정과 밀교 행법을 가르쳤다. 예를 들어 '네 가지 밀법의 구전 가르침'은 무상요가 탄트라에서 매우 중요한 가르침이었다. 네 가지 밀법은 환신·정광명·몽중요가 그리고 확실한 깨달음의 길이며 자비와 지혜의 합일이라고 불리는 내부열을 성취하는 뚬모 수행으로 구성된다. 불법을 배우기 위해 이겨낸 고난과 그의 높은 학식 및 성취로 마르빠는 티벳 불교계에서 매우 존경을 받았다. 그의 학식과 범어를 통달한 능력은 여러 주요 밀교 서적을 훌륭하게 역경한 데서 나타난다. 티벳인들은 그를 위대한 역경사로 생각한다.

마르빠의 가장 유명한 제자는 밀라래빠로 티벳의 위대한 시인이자 성인이었다. 사실 마르빠의 이름이 널리 알려진 것은 밀라래빠의 수행을 비전통적이지만 성공적으로 지도해 밀라래빠가 한 생만에 불과를 성취할 수 있게 했기 때문이었다. 마르빠는 결혼을 했었으며 자식이 있었고 남부 티벳의 로닥 지역에 있는 도오룽 마을에서 살았다. 그의 아내인 닥메마는 매우 자상했으며 내조를 잘했다. 그녀 자신도 상당히 성취한 수행자였지만 스승의 역할을 하려는 의도는 전혀 없었다(티벳에는 많은 여성 수행자 스승들이 있었다).

마르빠는 매우 강한 인상을 가지고 있었으며 부리부리한 눈과 긴 머리를 하고 있었다고 한다. 또한 매우 권위적인 성격을 지니고 있어 사람들은 그를 다혈질에 거침없는 성격으로 보았다. 그는 불법을 찾기 위해 위험하고 험난한 여건을 해치고 인도를 세 번 여행했다. 그의 제자들이 순례를 지원하기 위해 금을 모았고, 이들의 지원으로 마르빠는 인도 전역을 여행하며, 마이뜨리빠 · 디빵까라 아띠샤 그리고 나로빠와 같은 대선지식들에게 가르침을 받을 수 있었다. 나로빠는 그의 근본 스승 중 하나가 되었으며 마르빠는 그로부터 많은 예시적인 이야기를 듣게 되었는데 그 중에는 '인류의 위대한 스승이 될 운명을 타고난' 밀라래빠라는 제자에 관한 예언도 있었다.

<u>밀라래빠(1040~1123)</u>는 마르빠의 상수제자였으며 완전히 깨달은 대스승이 되었다. 그는 여동생 빼따 괸끼와 함께 서부

티벳 망률 지역의 귀족 집안에서 태어났다. 아버지가 돌아가신 후 시작된 그의 젊은 시절은 여러 고난과 괴로움의 나날들이었다. 그의 아버지는 죽기 전 자신의 재산을 남동생과 여동생에게 맡기며 과부가 된 부인과 자식들을 부탁했다. 그러나 탐욕스러운 친척들은 밀라래빠의 땅과 소유물들을 가로채고 홀어머니와 그의 형제들을 학대했다. 밀라래빠의 가족은 가난해졌고 생존하기 위해 힘든 노동과 걸식을 하며 살았다. 심지어는 이웃과 친구들 마저 그들에게 등을 돌리고 말았다. 결국 한을 품은 밀라래빠의 어머니는 복수의 계획을 세우게 된다. 그녀는 아들 밀라래빠를 창롱 지역에 사는 흑마술 스승에게 보냈고 밀라래빠는 흑마술을 완전히 통달하게 되었다.

  그의 어머니로부터 지시받은 대로 밀라래빠는 친척들에게 주문을 걸었다. 첫 번째로는 삼촌의 집이 무너져 결혼식을 치르고 있던 온 가족이 몰살당했다. 다음은 돌풍을 일으켜 마을의 잡곡들을 모조리 황폐하게 만들었다. 밀라래빠가 복수의 승리감에 도취되어 있는 동안 마을 사람들은 격노했다. 그러나 온 친척들이 점차 죽어가게 되자 밀라래빠는 양심의 가책을 느끼며 후회하기 시작했다. 업의 결과에 대한 불교의 가르침이 마음 깊이 새겨졌다. 결국 그는 정법正法을 가르쳐

줄 스승들을 찾아 나섰지만 실패만 거듭하던 중 역경사 마르빠를 만났다. 스승 마르빠와의 만남은 그의 인생에 있어서 전환기가 되었다.

마르빠는 이 젊은 청년이 위대한 명상 수행자이자 스승이 될 것이라는 사실을 알았지만 우선은 여러 힘겨운 고난을 통해 그의 업을 정화하려고 했다. 그리하여 마르빠는 처음부터 그를 매우 거칠게 다루었다. 우선은 자신이 목숨을 걸고 인도에 세 번에 걸쳐 가져온 소중한 법을 주기 위해서는 공양물이 필요하다고 했다. 젊은 밀라래빠는 그의 비극적인 인생을 이야기하며 영적인 평안과 해탈을 간절히 원한다고 아뢰었다. 그는 어떠한 물질적인 부도 축적한 일이 없었기 때문에 마르빠에게 자신의 몸과 말과 마음[身口意]을 바치겠다고 맹세했다. 마르빠는 그에게 9층 탑을 지으라고 명령했다. 이것으로 밀라래빠의 고된 정화의 과정이 시작되었다.

밀라래빠는 초석을 다지는 일부터 나무를 베는 일까지 모든 건축을 혼자 해야만 했다. 그의 고행은 마르빠가 올라가고 있는 탑을 다른 모양으로 바꾸라고 몇 번 요구한 탓에 더욱 고통스러웠다. 밀라래빠가 등에 피고름이 터져 괴로워하고 있을 때 마르빠는 제자들에게 불법을 전수했는데, 밀라래빠가 자상한 닥메마의 도움으로 그곳에 숨어 들어가려고 하면 밖으로 내던져지곤 했다.

  6년이 넘는 고행 후 밀라래빠에게 드디어 최고의 순간이 다가왔다. 악업은 정화되고 탑이 완성될 즈음 그의 번뇌도 많이 가라앉았다. 마르빠는 마침내 그를 제자로 받아들이고 아버지 같은 부정父情을 보이며 그를 '아들'이라고 불렀다. 마르빠는 그때서야 그 동안의 혹독한 고행의 목적을 설명해주며 그에게 소중한 불법의 가르침을 '마치 감로수를 한 보병으로부터 다른 보병으로 붓듯이' 주겠노라고 약속했다. 닥메마에게 길상한 일을 기념하기 위해 잔치상을 차리게 하고 밀라래빠에게 가장 높은 밀교 관정을 부여하며 완전한 깨달음을 얻을 뿐만 아니라 모든 수행자 중 최고의 스승이 될 것이라고 예언했다. 마르빠는 밀라래빠가 뛰어난 선지식들을 포함한 수많은 사람들을 미혹에서 벗어나게 도울 것이며, 그리하여 까규의 가르침이 커다란 강물처럼 영원히 흐를 것이라고 했다. 나아가 밀라래빠에게 조모랑마 지역의 산 속에서 명상 수행으로 일생을 보내라고 했다.

  밀라래빠는 명상 수행에 모든 노력을 바쳤다. 간단한 무명옷 한 벌 걸치고 머리는 장발이 되도록 잊어버리고 살았다. 음식을 할 토기 발우 하나와 마르빠로부터 받은 가르침이 적힌 두루마리들만 가지고 수년 간 여러 동굴을 옮겨다녔다. 그리고 볶은 보릿가루와 동굴 근처의 쐐기풀로만 살아갔다. 그의 명상 수행에 대한 의지와 헌신은 너무나 완전하고 굳건하여 음식을 가지러 산에서 내려가지도 않았다.

그의 수행은 자아의 정복으로 시작되어 보리심을 개발하는 것으로 발전했으며 모든 중생들의 행복과 무상보리를 위한 발원이 되었다. 불교의 최상승 수행체계를 완전히 통달한 후 밀라래빠는 뚬모 수행에 전념했다. 내부열에 대한 조절 능력이 그가 산 속에서 살아남을 수 있었던 주된 이유였다. 마침내 그는 몸과 마음에 대한 완전한 통어通禦가 가능해졌으며 흔들리지 않는 선정·인내심·영민함·자비심 그리고 지혜를 증득하게 되었다.

마르빠를 만나기 전에도 밀라래빠는 진정으로 명상 수행에 전념하는 것이 깨달음에 이르는 가장 확실한 방법이라고 생각했다. 하지만 밀라래빠는 수행에 혼신을 다 바쳐 전념한 자신의 개인적인 믿음과 헌신을 깨달음의 유일한 길이라고 설파하지 않았다. 산 중 안거로 깨달음을 성취한 후 비견할 상대가 없는 수행자 밀라래빠였지만 수많은 사람들을 지혜와 자비로 안내했다. 그는 부처님의 방식에 따라 사람들의 심상속心常續에 있는 숨겨진 성향과 욕구, 선근 그리고 근기에 맞게 지도했다.

그의 스승 마르빠와는 매우 대조적으로 밀라래빠는 고행과 일관된 안거의 생활방식으로 살았다. 밀라래빠에게 누군가 왜 마르빠의 생활방식을 따르지 않는가에 대해서 질문하자, 밀라래빠는 "만약 자신이 그렇게 한다면 그것은 산토끼가 사자의 발자국을 따라 걸으려고 하는 것과 같다"고 대답했다. 그리고 다른 제자가 "중생들에게 이익이 되는 한 어떤 생활방식이라도 괜찮습니까?"라고 묻자, "자기 이익을 위한 집착이 없다면 그렇게 할 수는 있다. 하지만 매우 어렵다"고 대답했다.

밀라래빠의 성취가 대선지식들과 비견할 만하다면 그의 이후 행적과 영향은 더 놀라웠다. 그는 남녀노소를 윤리적인 삶과 평안, 깨달음으로 인도했다. 그의 여동생 뻬따 괸끼는 뛰어난 제자가 되었다. 체계적인 사원의 교육과 훈련이 없었다는 점에서 그의 일반 재가제자들의 성취는 매우 인상적이었다. 출가하지 않은 재가제자들 중 어떤 이들은 밀라래빠를 따라 무명옷을 입은 '래빠'들이 되어 대부분의 일생을 산 속 동굴에서 안거를 하거나 마을을 돌아다니며 수행하고 밀라래빠의 법을 대중들에게 전파하며 살았다. 그의 제자 중 학식이 높고 성취가 뛰어났던 레충빠는 조용히 밀라래빠의 가르침을 설파했으며, 특히 챠끄라삼바라와 관련된 무상요가를 전수했다. 그리고 제자 중 가장 학식이 높았던 것으로 여겨지는 감 뽀빠는 밀라래빠가 까규의 가르침을 보존하고 선양하는 법맥 소유자로 선택되었다.

20세기 초 밀라래빠의 전기가 서양에 퍼지면서 그에 대한 관심은 나날이 증가하고 있다. 그의 전기는 이제 많은 언어로 번역되었다. 그 중 『십만송十萬誦』은 그의 전기를 잘 보충한다. 밀라래빠의 게송들은 신선하고 간결하며 서민들의 재치가 묻어 있다. 그의 게송들은 많은 교육을 받지 못한 서민들에게 인기가 높지만, 풍부한 구전 가르침의 전통과 비유적인 표현 역시 뛰어나 문학적 가치도 인정받고 있다.

밀라래빠는 너무나 유명해져 서민들의 영웅이 되었다. 그에 관한 일화들은 티벳 전통 서민극 속에 왜곡 없이 잘 보존되어 있다. 그가 지냈던 산 속 동굴들과 그가 만든 9층 탑은 성지순례의 장소였으나, 1960년대 중국이 침략했을 때 파괴되었다. 티벳 불교계에서 밀라래빠는 가장 위대한 명상 수행자 그리고 깨달은 이 중에서도 최고로 추앙받는다. 그는 살아생전에 이미 전설적인 존재가 되었고 사람들을 감탄시켰다. 모든 전승들은 마르빠와 밀라래빠의 법맥을 정법과 가피의 근원으로 보고 있으며, 마음의 평안과 깨달음에 이르는 가르침이라고 생각한다.

닥뽀 까규 : 모든 까규 법맥들의 기원

감뽀빠는 근본 스승인 밀라래빠가 기대했던 대로 성공적으로 불법을 선양했다. 감뽀빠는 10세기 말에 시작된 티벳의 불교 개혁 운동에 커다란 공헌을 했으며 그를 따르는 학식 있는 승려들과 수행자들이 점차 늘어났다. 까규파 사료에 의하면 그의 제자로는 상당히 성취한 500명 정도의 출가제자들이 있었으며, 800여 명의 뛰어난 명상 수행자들이 있었는데, 이 숫자는 재가제자들을 포함하지 않은 숫자라고 한다. 그의 '아들'인 수제자 4명은 각각 자신의 사원을 세웠다. 까르마빠 뒤숨 켄빠Dus-gsum Mkhyen-pa(1110~1193)는 까르마빠의 전승을, 팍두 도제 걜뽀는 팍두 전승을, 바롬 다르마 왕축은 바롬 전승을, 샹 챌빠 쬔두 닥빠는 챌빠 전승을 만들었다. 다른 하위 계파들은 까르마빠 전승과 팍두 전승에서 갈라져 나왔다. 감뽀빠로부터 시작된 모든 전승 법맥들을 닥뽀 까규라고 부르는데 닥뽀 하제 즉, 감뽀빠를 자신들의 개산조로 보기 때문이다. 닥뽀 까규의 4대 8소 전승은 다음과 같다.

4대 전승
1. 까르마 깜창 혹은 까르마 까규
2. 팍두 까규
3. 바롬 까규

4. 챌빠 까규

8소 전승
1. 디꿍 까규
2. 둑빠 까규
3. 마르짱 까규
4. 슉셉 까규
5. 딱룽 까규
6. 토푸 까규
7. 얍상 까규
8. 옐빠 까규

까르마 까규 전승

까르마빠 뒤숨 켄빠는 감뽀빠의 주요 제자 중 하나였다. 뒤숨 켄빠는 매우 높은 성취를 이루었고 존경받는 스승이 되어 살아생전에 전설적인 존재가 되었다. 높은 학식과 인간적인 역경의 극복 그리고 깨달음은 그의 영적인 힘의 결과라고 볼 수밖에 없다.

그는 매우 불심이 깊은 부모 아래서 태어났다. 아버지가 존귀한 진언의 전수로 그에게 가피를 내린 후 뒤숨 켄빠는 주로 까담파 전승의 여러 스승들로부터 불교를 배우고 수행

지도를 받았다. 후에 그의 근본 스승인 감뽀빠의 지도를 받았으며, 산 중 동굴과 숲에서 수년간 홀로 안거하며 높은 깨달음을 성취했다. 까르마빠는 신통으로 유명한 성취자가 되어 병자들을 치유하고 불구의 몸을 고쳤으며, 장님들을 눈뜨게 하고 마음이 산란하고 심려가 많은 이들을 치료하는 한편 중생들이 발원하는 것을 이룰 수 있도록 도와주었다.

까르마빠는 라싸로부터 서쪽으로 조금 떨어진 출푸 지역에 첫 번째 사원을 그리고 동부 티벳 지역인 캄 지방에 사원들을 건립하면서 까르마빠 (혹은 까르마 까규) 전승을 시작했다. 그의 이름인 까르마빠는 '여러 불사를 행하는 이'라는 의미로 불리게 되었는데 이는 보살의 성취를 이룬 후 중생들이 보리도에 오를 수 있도록 불사를 다양하게 한다는 것을 뜻한다. 흔히 까르마는 내면의 장애를 극복한 이가 하는 행위를 말하기도 한다.

첫 번째 까르마빠인 뒤숨 켄빠는 제도적으로 인정된 최초의 환생 스승이다. 까르마빠는 계속해서 환생하여 까르마빠 전승을 이끌 것이라고 약속했었다. 열반에 들기 전 1193년 뒤숨 켄빠는 그의 가까운 제자에게 비밀 편지를 전했다. 이 예시적인 편지에는 그가 환생할 부모의 신상과 지역이 명시되어 있었다. 이러한 절차는 모든 까르마빠의 환생자들이 따르고 있으며 예언 편지는 믿을 만한 소수의 제자들에게 조심스럽게 전달되어 현재 17대 까르마빠 오겐 틴레 도제에 이르고 있다.

첫 번째 까르마빠의 환생 이후 이러한 환생 스승이라는 독특한 제도는 모든 티벳 불교의 주요 특징이 되었으며, 각 사원마다 적어도 한 명 이상의 환생 라마를 모시고 있다. 티벳의 영적, 정치적 지도자인 달라이라마의 환생은 1476년에 시작되었는데 2대 달라이라마를 발견한 이후 현재 14대 달라이라마까지 이어지고 있다. 티벳의 환생 스승 제도는 티벳 불교에 활력을 주는 요인으로 여겨진다.

환생에는 두 가지 종류가 있는데 조절이 가능한 경우와 조절이 안 되는 경우가 있다. '조절이 안 되는' 경우는 자신의 환생을 아직 통제할 수 없는 중생을 말한다. '조절이 가능한' 경우란 깨달음을 성취했으나 자신의 의지에 따라 인간으로의 환생을 선택하여 번뇌에 고통 받는 중생들을 돕고자 하는 경우를 말한다. 이러한 환생자들은, 제도적으로 확인되든 안 되든, 보살들이라고 보고 있다.

역대 까르마빠 환생자들은 수세기 동안 티벳인 뿐만 아니라 몽골·중국·만주 지역에서 깊은 신심의 대상이었다. 역대 까르마빠 환생자들은 티벳 불교를 보존하고 전파하는데 지대한 공헌을 했으며 티벳인들에게 구도심求道心 불어넣었고 정치적으로 불안정하고 갈등이 많았던 중국과 몽골 접경 지역의 정치적 안정에 공헌했다. 2대, 3대, 4대 까르마빠를 비롯하여 몇몇 까르마빠 환생자들은 몽골의 칸과 중국의 황제들을 제자로 삼기도 했다.

까르마빠의 대중적인 인지도와 존경심은 몇몇 불교계의 스승들이 경전을 근거로 또는 계시를 받아 까르마빠를 관세음보살의 화신이라고 여기면서 더욱 강화되었다. 경전을 근거로 하는 경우 관세음보살이 석가모니 부처님 전에 서원하는 장면을 지목한다. 이 대목에서 관세음보살은 '설산의 땅'인 티벳에서 중생들을 돕기 위해 여러 화신으로 나투겠노라고 발원한다. 몇몇 예언서들은 관세음보살이 설산의 땅에서 출가 비구 지도자로 여러 차례 나툴 것이라고 예언한다. 이러한 대목은 달라이라마 환생자들을 지칭하는 대목으로 보기도 한다.

까르마빠 환생자들은 다른 티벳 불교 전승의 가르침을 절충하고 통합하는 감뽀빠의 방식을 옹호하며 특히 닝마의 가르침을 많이 받아들였다. 까르마 까규 전승 내에서 통합적인 접근을 하던 개개인의 노력들은 14대 까르마빠의 주요 제자 중 하나였으며, 지혜의 보살인 문수보살의 화신으로 여겨지는 1대 잠괸 꽁뛸 로되 타애('jam mgon kong sprul blo gros mtha' yas, 1813~1901) 린뽀체의 뛰어난 리더십 아래 초종파적인 운동으로 발전했다. 리메(초종파) 접근의 저명한 스승 잠양 켄쩨('jam dbyangs mkhyen brtse'i dbang po, 1820~1892)와 협력해 1대 잠괸 꽁뛸 린뽀체는 밀교 수행법의 가르침을 집대성했고 후에 이 가르침들은 티벳 전역으로 퍼졌다.

까르마빠 전승은 17세기 일시적인 쇠락의 시기를 제외하고는 이례적으로 활동적이며 성공적이었다. 1959년의 중국 침략조차도 까르마빠의 불사를 막을 순 없었다. 역설적으로 까르마빠가 티벳 밖으로 망명한 사건은 까르마 까규 전승이 전 세계에 알려지는 데 공헌을 했다. 1960년대 초 티벳에서 자신을 따르는 헌신적인 제자들과 신도들을 이끌고 탈출한 16대 까르마빠는 시킴의 룸텍에 선원이 있는 새로운 사원을 건립했다. 그는 후에 인도와 유럽, 미국 지역에 센터들을 수립했으며 역사적으로 중요하고 귀중한 불교 경전을 출판하는 데 헌신했다. 330권에 달하는 경전들은 망명한 티벳 불교 사원들에 배포했다.

환생자 스승들의 중요성을 인식한 16대 까르마빠는 룸텍 사원에 여러 환생자들을 교육시켰다. 오늘날 젊고 활력이 넘치는 환생 스승들이 불교를 가르치고 있는데 그 중에는 13대

샤마르 린뽀체[그는 1대 샤마르 닥빠 셍게(1283~1349)가 첫 번째 환생자다·12대 타이 시뚜 린뽀체(초대 시뚜 최끼 걀첸, 1377~1448)·12대 걀찹 린뽀체(초대 고쉬르 뺄조르 된둡, 1427~1489) 그리고 4대 잠괸 꽁뛸(초대 잠괸 꽁뛸, 1813~1901) 린뽀체 등이 있다.

까르마 까규의 전통과 결연을 유지하면서도 몇몇 지역에서 까르마 까규의 분파 법맥들이 규모와 영향력 그리고 새로운 전통을 발전시켜 하위계파가 생겨났다. 하위계파에는 동부 티벳 지역의 수르망 까규파와 중앙 티벳 지역의 냐도 까규파 등이 있다.

팍두 까규 전승

팍모 두빠 까규(phag mo gru pa bka' brgyud) 또는 팍두 까규는 팍모 두빠 도제 걀뽀(phag mo gru pa rdo rje rgyal po, 1110~1170)가 시작했다. 팍모 두빠는 닝마파의 저명한 선지식이며 카톡 사원을 세운 라마 까담파 데쉑(1122~1192)의 형이기도 하다. 감뽀빠를 만나기 전 도제 걀뽀는 사첸 꾼가 닝뽀(sa chen kun dga' snying po, 1092~1158) 문하에서 람데 수행을 전수받았다.

1158년 도제 걀뽀는 네동 지역에 있는 숲에 팍모 두빠(암돼지가 나룻배를 타고 건너는 곳)라는 작은 토굴을 지었다. 그의 명성이 널리 알려지면서 이 지역은 커다란 사원으로 발전했다. 도제 걜뽀의 입적 후 사원이 점차 쇠퇴하자 그의 제자였던 직뗀 숨괸은 쩽아 닥빠 중내(spyan snga grags pa 'byung-gnas, 1175~1255)를 사원으로 보냈다. 닥빠 중내는 21년 동안 주지로 지내며 사원의 이전 규모를 다시 회복했다. 1253년 사꺄파에서 정치적 통치권을 차지하자 중앙정부에서는 닥빠 중내의 동생이었던 도제 뺄(rdo rje dpal)을 네동의 통치자로 임명했다. 이때부터 네동 지역은 쩽아 닥빠 중내의 가문에서 세습으로 통치하게 되었는데, 이러한 정치 통치권자와 팍모 두빠 사원의 합일체제가 유지된 기간을 팍모 두빠 시기 혹은 팍모 두빠 왕조라고 불렀다. 팍모 두빠 사원은 중국의 문화 혁명 기간인 1966~1978년 사이에 완전히 파괴되었다.

팍두의 주요 제자들은 여덟 개의 전승을 만들게 되는데 이를 팔소(八小)전승[1]이라고 부르며 디꿍·딱룽·토푸·링레(혹은 둑빠)·마르짱·옐빠·얍상 그리고 슉셉이 이에 해당한다.

챌빠 까규 전승

라마 샹(Zhang)이라고 알려진 유닥빠 쬔두 닥빠(zhang g.yu

---

[1] 팔소 전승이라고 부르는 것은 후대에 생겨났다는 의미에서 '작은'이라고 표현한 것일 뿐, 규모나 법맥의 정통성에 있어서 팔소 전승이 사대 전승보다 열등하다고 봐서는 안 된다.

brag pa brtson 'gru brags pa, 1123~1193)가 개산조이다. 라마 샹은 감뽀빠의 주요 제자 중 하나였던 왕곰 출팀 닝뽀의 제자였고 궁탕 사원을 건립하여 많은 제자들을 양성했다.

바롬 까규 전승

감뽀빠의 제자였던 바롬빠 다르마 왕축('ba' rom pa dar ma dbang phyug, 1127~1199/1200)이 시작했다. 그는 티벳의 북부 지역 라뙤에 바롬 리오체 사원을 건립하여 바롬 까규로 불리게 되었다.

바롬 까규파의 주요 조사로는 띠쉬리 래빠 셰쉐랍 셍게('gro mgon ti shri ras pa sherab sengge, b. 1164 d. 1236)를 들 수 있으며, 캄 지역의 낭첸 지방에 널리 퍼져 있었으며 이 지역에는 현재에도 한두 개 사원을 거점으로 전승되고 있다고 한다.

디꿍 까규 전승

디꿍 까규파는 팔소전승 중 현재까지 전해지는 세 개 전승 중 하나이다. 티벳 북쪽 창탕의 외곽 지역인 디꿍 지역에 곽두의 수제자 중 한 명이었으며 저명한 선지식이었던 꿉빠 직뗀 숨괸(Jig-rten dgon-po rin-chen dpal, 1143~1217)이 개산조이다. 직뗀 숨괸은 학식과 성취에 있어서 최고의 스승 대열에 들어간다. 그의 저서들은 심오하면서도 명료하고 참신한 접근으로 유명하다.

그의 가장 중요한 저서인 『디꿍 공찍』은 제법이 깨달음의 과정을 완전히 현현할 수 있다고 보는 독특한 접근으로 불교를 해석하고 있다. 또한 직뗀 숨괸은 뛰어난 스승이면서 인도주의적인 활동으로 사람들을 도와 더욱 존경을 받았다. 디꿍 전승의 주요 사원들과 말사들은 주로 동부 티벳과 라다크 지역에 분포되어 있으며 깊은 산중 동굴들에서 나로육법과 마하무드라를 수행하는 무명옷의 '래빠'들을 양성하는 체계로 유명하다.

디꿍 사원들은 주지 스님들이 통괄을 하는데 이들이 반드시 환생자는 아니다. 디꿍 전승 자체는 두 명의 환생자 스승이 이끌고 있다. 그 중 한 분인 디꿍 캽곤 체짱 린뽀체는 37대 주지로 1975년 티벳을 탈출해 망명한 후 라다크와 데라둔(Dehra Dun) 지역의 디꿍 사원들을 이끌고 있으며, 인도와 서양의 여러 디꿍 선원들도 활발하게 지도하고 있다. 나머지 한 분인 충짱 린뽀체는 티벳에 남아 있다.

딱룽 까규 전승

딱룽 전승 역시 앞서 언급한 팔소 전승 중에 하나였다. 이 전승은 팍모 두빠의 주요 제자 중 하나였던 딱룽 탕빠 따시 뺄(stag lung thang pa bkra shis dpal, 1142~1210)에 의해 시작되었다. 후에 이 전승의 한 분파 법맥이 동부 티벳 덴마 지역의 레오체에 자리를 잡았고 나머지 법맥들은 중앙 티벳의 위와 짱 지역에서 자리 잡았다. 딱룽 사원들은 유목민들의 문화에 맞게 가르침을 펴는데 주력했다. 딱룽 까규파는 감뽀빠로부터 전해지는 원전 까규 가르침의 체계인 '챡첸 응아덴(大手印 五俱)'이라는 수행체계를 따른다. 딱룽 까규 사원의 지도자는 마뚤 린뽀체이다. 1960년대 딱룽 전승은 인도에 새로운 사원을 건립했다.

둑빠 까규 전승

둑빠 까규 또한 팔소 전승 중 하나이다. 둑빠 까규 이름 아래에는 서로 직접적으로 연관이 없는 몇 개의 하위 계파들이 함께 존재한다. 첫 번째는 링레 까규파로 위대한 선지식이었던 링첸레빠 빼마 도제(gling ras pa padma rdo rje, 1128~1188)의 이름에 따라 붙여졌다. 그의 제자들은 몇 개의 하위계파를 만들었는데 링레빠의 수제자였던 짱파 갸레(1161~1211)는 티벳 남부의 남이라는 지역에 장춥링 사원을 만들었다. 전승 사료에 따르면 사원을 위해 땅을 정화할 때 그 지역에 엄청난 천둥 폭풍이 쳤다고 한다. 이 사건은 까규 가르침이 번영하고 퍼지게 될 것이라는 길상한 징조로 여겨졌다. 티벳에서는 천둥을 용의 울음소리라고 믿고 있는데 '둑('brug)'은 티벳말로 용이라는 뜻이다. 그리하여 그 지역과 그곳에서 발생한 전승에 둑이라는 이름을 붙이게 되었고, 그 뒤로 둑빠 까규파로 불리게 되었다.

얼마 후 세 개의 새로운 하위계파가 생겨났다. 이들은 각각 주요 사원이 발생한 위치에 따라 이름이 붙여졌는데 또둑(윗 지방의 까규)·메둑(아래 지방의 까규) 그리고 바르둑(중부 지방의 까규)이라고 불렀다.

둑빠 까규는 바르둑 전승의 큰 스승이었던 파조 둑곰 식뽀가 하몬 카시라 불리는 남부 지역으로 옮기면서 더욱 퍼지게 되었다. 높은 성취와 신통을 지녔던 그는 인근 지역의 영적인 지도자가 되었으며 주변에 있던 사꺄파·닝마파·디꿍 법맥의 하빠 까규파 등을 흡수했다. 머지않아 이 땅의 이름은 둑율('brug yul), 즉 '용들의 땅'이라고 불리게 되었고 지금의 부탄이다.

둑빠 까규파와 둑율의 국운은 샵둥 웅아왕 남걀이라는 높은 지위의 환생자가 오면서 바뀌게 된다. 17세기 무렵 샵둥 웅아왕 남걀은 티벳 시가체 지역의 지도자였던 디빠 짱파의 탄압을 피해 둑율로 도피했다. 당시 둑율에는 이미 많은 수의 둑빠 전승 사원들이 있었다. 샵둥의 영적인 명성은 곧 널리 알려지게 되었다. 그는 처음으로 까규파 전승의 나라를 세우게 되었고 스스로 법왕임을 선언했다. 그리고 환생자로서 성공적으로 둑율을 다스렸다. 이 환생 라마에 의한 정치는 20세기 초에 세습을 통한 군주제로 바뀌었다.

후에 짱빠 갸레의 환생자인 걀왕 둑첸이 티벳 남부 국경지역으로 이주했다. 현재 걀왕 둑첸 린뽀체는 동부 히말라야 지역 다르질링과 라다크의 헤미스 지역의 사원을 지도하고 있다.

썅빠 까규 전승

썅빠 까규 전승은 11세기 초 감뽀빠를 개산조로 하는 닥뽀 까규와는 별개의 법맥이다. 썅빠 까규파는 티벳 중서부 짱 지방의 샹(Zhang) 지역에 붙여진 이름이다. 썅빠 까규의 개산조는 쿵뽀 낼조르(khyung po rnal 'byor, 987~1079)로 티벳 역사상 가장 위대한 선지식이자 시인·의사·예술인, 대오大悟한 스승 중 한 분으로 여겨진다. 원래는 티벳의 토속 종교인 뵌교였으나 불교로 개종한 후 티벳과 인도의 많은 스승으로부터 배웠다.

인도에 있을 당시 쿵뽀 낼조르는 (나로빠의 반려자로 알려진) 니구마와 수카싯디라는 두 명의 여성 선지식이 수행한다는 매우 귀한 밀법인 '최상 밀법의 육성취법六成就法'을 받기 위한 엄청난 노력을 기울였다. 그는 마침내 두 스승을 만나 모든 가르침을 받았고 라훌라 굽타·마이뜨리빠 등의 스승으로부터 마하무드라, 무상요가 탄트라의 다섯 본존을 동시에 수행하는 다섯 본존 요가 수행법 등을 전수받아 티벳으로 돌아왔다. 니구마와 수카싯디의 육성취법, 다섯 본존 요가 그리고 마하마두라 수행은 현재까지 썅빠 까규파가 보존하고 있는 귀한 수행법들이다. 쿵뽀 낼조르는 모든 티벳 전승에서 존경하는 대학자이자 성취자였으며 100여 개 이상의 사원을 건립하고 8만 명 정도의 제자들을 두었다고 한다.

마하싯다 탕똥 걜뽀(1385~1509)는 124세까지 살았는데 그 역시 썅빠 까규의 대스승이었다. 대오한 스승이었던 탕똥 걜뽀는 뛰어난 학자였고 시인이었으며 의사였고, 음악가이기도

하여 티벳 전역에서 존경받았다. 그는 또한 철을 제련하는 새로운 방법을 고안해서 티벳에 100여 개 이상의 철재 다리를 만들었다. 현재 티벳 불교권에서 가장 널리 사용되는 「사비 관세음보살 수행 의궤」 또한 탕똥 걜뽀가 지은 것이다.

현대에 이르러서는 1대 깔루 린뽀체(1905~1989)가 수행자들에게 썅빠 까규파의 밀법을 전수했다. 깔루 린뽀체는 매우 성취가 높은 초종파적 접근의 대스승이었다. 깔루 린뽀체는 특정 법맥에서만 전수되는 여러 밀교 가르침을 폭넓게 가르쳤다. 현재는 2대 깔루 린뽀체의 환생자가 썅빠 까규 전승을 이끌고 있다.[2]

교육제도

불교는 세 가지 방법으로 자기 변화를 꾀한다. 첫 번째가 청정한 계행(戒)이고, 두 번째가 선한 언행에 한 마음으로 집중하는 것(定)이고, 세 번째가 제법의 실상을 아는 것(慧)이다. 상근기의 수행자들은 매우 중요한 한 가지 원칙을 개발한다. 그것은 다름 아닌 보리심이다. 보리심이란 모든 중생들의 행복과 깨달음을 위해 일하겠다는 헌신적인 서원을 하는 자비

---

2 1대 깔루 린뽀체의 입멸 이후 보카르 린뽀체가 썅빠 전승을 이끌었으며, 그 또한 2004년 입적한 후 2대 깔루 린뽀체가 다시 이어 받아 썅빠 전승을 이끌고 있다.

로운 마음을 말한다. 수행자들은 육바라밀을 통해 보리심을 개발한다. 육바라밀 중 보시·지계·인용·정진·선정은 방편을 의미하며, 여섯 번째 지혜의 개발은 마음 안으로부터 일어나는 번뇌와 아집과 법집에 대한 다양한 장애로부터 자신의 마음을 보호하고 평안과 고요를 성취하는 것을 말한다.

불교의 가르침과 그 목적을 이해하기 위해서는 '수행의 삼륜三輪'이라는 전통적인 지침을 참고한다. 수행의 삼륜은 문사수聞思修, 즉 법문을 듣고 경전을 보며 이해하는 교리 공부, 이해한 것을 수행과 분석 명상을 통해 의문을 가지고 숙고하는 것 그리고 배운 것을 실천하고 수행하여 중생들을 안내하고 가르치며 불법에 따라 사는 것을 말한다.

교육이란 전통적인 관점에서 보자면 "근본이 되는 지식을 습득하고 신뢰할 만한 자질을 개발하는 것이다." 이 정의에 의하면 불교 교육은 철저한 배움과 높은 성취를 목표로 한다. 불교 전통에서 단순 지식의 습득은 내면의 개발을 저해하고 소아小我가 만들어내는 자기중심적인 충동을 강화할 수 있다고 본다. 불교 교육은 전인全人적인 개발을 통해 중생들의 영원한 행복인 열반에 이르도록 이끄는 사람, 즉 부처를 육성하는 것이다.

티벳에서의 불교 교육이란 주로 비구 및 비구니[3] 사찰과 불학원들로 제한되어 있다. 까규파 사원들도 다른 전승과 마찬가지로 사회 내에서 여러 기능을 복합적으로 수행했다. 주된 기능은 물론 불교의 가르침과 전통을 보존하고 일반 신도들을 위해 가르침을 베풀고, 문화적 종교적 요구들을 채워주는 것이었다. 불교의 가르침은 근기와 욕구가 다른 사람들을 충족시키도록 다양한 수준으로 나뉜다. 따라서 한 가지 통일된 교육 계획표란 존재하지 않는다. 예를 들면 사꺄파와 겔룩파는 논증적 변론과 교학을 배우는 강원인 셰다(Shedra)가 기본 바탕이 되는 불교 교리를 배우는 필수적인 과정이라고 강조하는 반면, 닝마파와 까규파에서 교학 공부는 명상 수행을 위한 추가적인 공부로 보고 있다.

강원에서의 과목은 다섯 가지 정규과목으로 편성된다. 율학·아비달마·쁘라마나(Pranama, 논리학과 인식론)·중관학 그리고 반야바라밀로 구성된다. 까규파의 강원들은 이 다섯 가지 교과목을 13개의 주요 논서로 공부를 하며 어떤 곳은 18개 논서로 확장시켰다. 소수의 까르마 까규파와 디꿍파 사원만이 겔룩파 혹은 이전의 까담파 전승의 전통으로 보이는 변론과 집단 논쟁의 교육방식을 받아들이고 있다.

대부분 까규파 사원들은 변론법을 이용한 공부 방식보다

---

3 티벳 불교는 비구니 법맥이 소실되어 현재 복구하려는 노력을 기울이고 있다.

는 조금 단순한 체계인 강주들과 학인 스님들 간의 밀접한 관계에 의존하는 방법을 쓰고 있다. 강주가 교재를 여러 방식으로 가르친다. 그러면서 점차적으로 선배 학인 스님들이 강설을 넘겨받고 강주는 선배 스님의 강설을 지도감독한다. 이러한 방식은 마르빠와 밀라래빠·감뽀빠 시절부터 내려오는 까규파의 원래 공부 방식이었다.

수행을 확실히 하기 위해서는 둡다(Drupdra)라고 하는 선원들을 두고 있다. 까규파들은 명상 수행을 불교 교육의 핵심으로 여긴다. 이러한 선원들은 불교에 대한 간략한 공부로 시작하는데 감뽀빠의 『해탈보장론』 같은 논서를 기본 교재로 사용한다. 스님들은 논증법을 익히는 강원이나 일반 강원에서 이미 주요 과목들을 배우고 선원에 들어온다. 선원에서 주지 스님이나 지도법사 스님은 예비수행에 해당하는 일련의 수행 지침을 가르쳐 준다. 예비수행에는 전신투지 큰절과 진언 염송, 관상 수행과 장애를 제거하는 수행을 받는다. 이러한 예비수행은 10만 번씩 하도록 되어 있다.

예비수행을 마치고 나면 스승 혹은 선원의 지도법사는 스님들에게 주요 관정을 몇 가지 수여하고 집중 수행에 들어가게 된다. 까규파 선원들에서 선호하고 소중히 여기는 수행은 챠끄라삼바라 본존 수행이다. 탄트라 수행은 이것 한 가지만 하는 것은 아니다. 스님들은 광범위한 탄트라 경전에서 선정한 몇 가지 밀교 행법[4]을 한다.

수행체계에 대한 공부와 구전 가르침을 받은 스님들은 39개월 동안 지속되는 무문관 수행을 혼자 또는 관정을 받은 동료들과 함께 산중 토굴에서 한다. 진지한 수행자들은 때로 이러한 과정을 몇 번식 반복하기도 하며, 어떤 이들은 일생 동안 명상 수행만 하는 수행승이 되기도 한다.

법랍이 높아지거나 환생자 린뽀체인 스님들의 교육은 보통의 학인 스님들보다 더 방대하다. 이들은 미래의 주지·강주·지도법사들이 된다. 환생자 라마(뚤꾸)들도 이미 높은 스승으로 여겨지지만 전체 강원생들 앞에서 학식 높은 스님들과 논증 등의 변론에서 이기거나 시험을 통과해야만 한다. 정규 과목을 듣는 일 외에도 환생자들은 (특히 어떤 전승의 지도자 역할이 주어지는 경우) 개인 교수사를 두어 학업에 정진한다. 어느 수준에 이르게 되면 원하는 스승들에게 가서 여러 가르침을 받고 비밀 구전을 받게 된다. 어느 강원이든

---

4 까규파 무문관 선원들에서 주로 하는 행법은, 챠끄라삼바라·바즈라바라히(혹은 바즈라요기니)·갤와감초 그리고 나로육법 수행이다. 이 외에도 통렌·죄 수행 등도 포함된다. 쌍빠 까규파는 다섯 본존 요가·육성취법을 니구마 전통과 수카싯디 전통에 따라 각각 하며, 적백의 다키니 요가 사본 존요가 등 닥뽀 까규와는 다소 다른 과정을 지니고 있다. 까규파에서 공통적으로 하는 것은 일련의 집중적인 구루요가인데 마르빠·밀라래빠·감뽀빠에 대한 구루요가를 공통적으로 하고 까르마 까규파는 까르마빠 구루요가, 디쭝 까규는 직뗀 숨괸 구루요가 등 각기 주요 개산조를 포함하여 실시한다.

공부하는 교과목들 이외에 범어·의학·점성학·천문학·불교 예술과 공예를 배울 기회가 있으며 전문적으로 하거나 잠시 할 수도 있고 개인적으로 혹은 공식적으로 배울 수도 있다.

이러한 공부는 모두 전통 티벳 교재로 이루어진다. 학인 스님들은 기도문, 주요 주제들을 기술하고 있는 개요 목록, 예불 의식문과 수행 의궤들을 외운다. 또한 다양한 예불문과 대중 예불 의식들도 배운다. 하지만 선택된 소수의 사람들만이 특별한 의식의 범패가 되거나 모래 만다라를 만들거나 탕카(탱화) 화가, 마와 버터로 만드는 똘마 공예 등이 된다. 앞서 언급한 승려교육 외에도 큰 사찰들은 승려교육과 재가자들의 행정업무 등을 가르치게 된다.

사원은 일반인들에게 개방되었고 상호관계가 많았다. 1년 내내 순례를 위해 개방을 해놓았고 재가신도들의 집에서 기도의식 등을 한다. 대부분의 사원들이 행사나 승무 등의 공연에 사람들을 초대한다. 의사인 스님들은 마을을 방문해 병든 이들과 노인들을 치료해 주었다. 사원들은 종교 예술의 저장고였을 뿐만 아니라 계속적으로 새 제품을 만들어 내는 원천과 불교 예술품을 만드는 예술가들의 보호처이었다. 재가신도들 역시 불상과 불교 공예품들을 구입해 집에 모심으로써 상호 이익의 한 축을 담당했다. 아직도 티벳의 사찰과 신도들 사이에는 밀접한 관계가 있으며 이는 티벳의 화합에 많은 기여를 한다고 볼 수 있다. 재가신도들은 불법을 배우는 가피를 입고 존경의 뜻으로 사원에 보시했다.

까규파와 다른 전승들 간에는 차이점보다 유사한 점이 훨씬 많다. 여기에는 까규파의 특징을 두드러지게 묘사했을 뿐이다. 까규파 전승은 시작부터 매우 다른 여러 집단으로 구성되어 있었다. 그러나 이러한 동질성의 결여가 사실은 개개 법맥의 역동성을 증장시켰다. 어떤 까규파 사원에서는 빨간 가사의 비구승과 흰색 가사를 걸치고 머리를 틀어 올린 요기들을 함께 볼 수도 있다.

많은 까규파의 저명한 스승들은 독립적인 성향과 비전을 가지고 있었다. 이러한 특성들은 여러 다른 법맥의 사원들과 불교 교리와 수행방법에 대한 해석에서도 나타난다. 어떤 스승은 매우 진보적인 관점을 피력하여 비판의 대상이 되었다. 저명한 선지식들 사이에서 교리에 대한 논쟁은 흔히 볼 수 있다.

까규파의 마하무드라(마음의 본성을 지칭하는 말이면서 수행체계를 부르는 말이기도 하다)는 독특한 접근을 가지고 있다. 비록 저명한 스승들 사이에서는 의견의 차이가 있을지언정 까규파들은 대체로 감뽀빠의 가르침에 충실해 왔다.

까규파 스승들이 인도로부터 티벳에 가져온 가장 소중한 선물이라면 챠끄라삼바라나 바즈라바라히와 같은 본존으로 대표되는 탄트라이다. 이 두 본존의 수행은 무상요가 탄트라에 속한다. 챠끄라삼바라는 사전적으로 '모든 것을 포함하는 바퀴'라고 할 수 있는데 제법을 감싸고 있는 법체法體를 의미한다. 본존의 형상에서 남성은 주로 방편인 자비를, 여성은 지혜인 반야지를 의미한다. 모든 금강승의 본존들은 다섯 불부佛部 중 하나에 속하며 그들의 반려자들도 다섯 지혜 다키니 가족에 속한다. 다섯 불부의 부처님들은 모두 법신의 특성을 나타낸다. 상호·색깔·수인·자세 등은 모두 의미가 있으며 관정 입문을 받은 이들을 위한 암호화된 내용도 포함된다.

챠끄라삼바라는 모든 형상은 자성이 없는 환상일 뿐이라는 것을 상징한다. 그의 남색 피부는 제법에 편재한 공성을 의미한다. 세 개의 눈은 삼세를 의미하며, 네 개의 얼굴은 자비희사의 사무량심을 뜻한다. 12개로 이루어진 팔은 12연기를 의미하고 보석으로 된 목걸이는 지혜와 방편의 합일을 상징한다.

바즈라바라히는 챠끄라삼바라의 반려자이며 반야지가 형

상화 된 것이다. 그녀의 빨간 색은 대지복감을 나타내며 옷을 입지 않은 것은 번뇌장과 소지장을 완전히 제거했다는 뜻이다. 요약하자면 쌍신합일을 이룬 남성, 여성 본존은 속제인 형상과 진제인 공성의 합일이며 지혜와 방편의 합일을 나타내는 것이다.

챠끄라삼바라 수행은 까규파 전승의 핵심이다. 이 행법은 생기차제와 원만차제의 두 단계로 이루어지며 최상승 육성취법으로 구성된다. 육성취법은 두 가지가 있는데 나로빠의 전통과 나로빠의 반려자였다고 알려진 니구마의 전통이 있다. 까규파 전승은 수행에 매우 헌신적이며 명상을 공성, 즉 궁극적인 진리를 깨닫고 부처님의 덕성을 개발하는 가장 확실하고 효과적인 방법으로 여긴다. 까규파에서는 이성에 의한 공성의 이해로는 지적인 이해만 가져올 뿐 진정한 깨달음에는 이르지 못한다고 가르친다. 밀라래빠의 이성주의에 대한 비판은 이러한 까규파 전통의 대표적인 예라고 할 수 있다.

■ 참고문헌

가르마 첸치 창(2000). 『밀라래빠의 십만송 2』(이정섭 역), 서울: 시공사.
에반츠 웬츠(2004). 『티벳의 위대한 요기 밀라래파』(유기천 역), 서울: 정신세계사.
Cozort, D. (1986). Highest yoga tantra, NY: Snow Lion Publications.
Gampopa (1998). Jewel ornament of liberation(K. K. Gyaltsen, Trans.), NY: Snow Lion Publications.
Je Gampopa (2003). The jewel ornament of liberation, NewZealand: ZhyisilChokyiGhatsalPublications.
Riggs, N (2000). Like an illusion: Lives of Shangpa Kagyu masters, OG: Dharma Cloud Press.
Stewart, J. M. (2004). The life of Gampopa(2nd Ed.), NY: Snow Lion Publications.
Thrangu, R. (2003). Life and teachings of Gampopa, NewZealand: ZhyisilChokyiGhatsalPublications.

■ 참고 웹사이트

http://www.kagyuoffice.org―까르마 까규 공식 웹사이트.
http://www.paldenshangpa.org/ShangpaMasters.html―현 쌍빠 까규 법맥의 전승자 깔루 린뽀체 주석 사원 웹사이트.
http://en.wikipedia.org/wiki/Kagyu―2009년 8월 6일자 내용

■ 옮긴이 글

존귀하신 스승님
17대 흑모의 주인
삼세를 아시는 까르마빠 발아래 절하나이다.

수년 전에 개인적인 여러 사정으로 무척 힘든 시기를 보냈던 적이 있다. 이미 티벳 전통의 대승불교에 귀의하긴 했지만, 지금도 별 볼일 없는 신심과 교리에 대한 이해가 그 당시에는 한참 더 초보적인 수준이어서 인생의 역경을 버텨줄 만큼 신심과 수행이 견고하지 못했다. (물론 지금도 그리 견고한 편은 못된다.) 그때 외국 온라인서점을 통해 주문해 놓고는 일상사에 치여 잊고 있었던 감뽀빠 대사의 『해탈보장론』이

도착했다. 바쁜 와중에도 하루에 몇 페이지씩 읽으며 본인이 너무나도 귀한 인생을 받았다는 사실에 매우 감사하고 감격해 여러 번 눈물을 흘렸던 기억이 있다. 그 때부터 감뽀빠 대사에 대한 각별한 신심이 생겨 나처럼 감뽀빠 대사와의 인연으로 고통과 좌절에서 희망을 보는 분들이 생겼으면 좋겠다는 생각에 감뽀빠 대사의 전기를 번역하고 싶다는 생각을 했다.

감뽀빠 대사는 까르빠 까규 전승의 형성에 있어서 매우 중요한 위치에 있음에도 불구하고 밀라래빠나 마르빠처럼 하나의 완전한 전기가 전해지지 않고 있다. 한국 독자들에게는 『밀라래빠 십만송+萬訟』에 일부 전해져 알려졌고 영어권 서적에서는 『십만송』·『해탈보장론』 등 몇 권의 서적에 조금씩 다른 약전略傳들이 실린 상황이다. 영어권에 번역된 자료들을 모아 한권으로 통합한 유일한 책이 잠빠 맥킨지 스튜어트가 번역한 『The Life of Gampopa』인데 이 책 또한 부분적으로 의미 있고 흥미로운 일화들이 누락되어 있다.

본 편역서는 스튜어트가 편저로 낸 책을 기본 토대로 감뽀빠 대사에 관한 자료들을 조사하여 수정 보완했다. 또한 스튜어트의 편저 부록에 실린 까규 전승에 대한 소개는 90년대 초의 자료로 일부 정보가 부정확해 현존하는 서적과 웹사이트 등을 토대로 까규 전승의 역사와 하위 분파에 대한 소개를 실었다. 이 책을 번역하며 매우 아쉬운 것은 여러 지명과 인명의 티벳 원어를 정확히 확인할 수 없는 경우가 많아 대부분 티벳어의 철자를 Wylie 표기로 하지 못했다는 것이다. 티벳어 자료를 충분히 찾지 않은 게으름과 어학 실력 또한 미천한 역자의 부족함을 널리 양해해 주시길 바라는 바이다.

이 책을 편역한 공덕이 모든 중생들에게 회향되기를…

2009년 여름
까르마 욘땐 허정훈 합장